職業としてのヤクザ

溝口 敦／鈴木智彦
Mizoguchi Atsushi ／ Suzuki Tomohiko

小学館新書

職業としてのヤクザ

目次

序章　ヤクザは職業か、生き方か

鈴木智彦

パンの香りのする事務所

暴力団を専門に扱う『実話時代』という月刊誌編集部に在籍していたころ、編集業務に加えて原稿も書くようになり、「ヤクザは職業ではない。生き方だ」というパワー・ワードを多用しました。その割りにヤクザは事務所を持っているし、看板を使って稼ぐので矛盾するのですが、ヤクザの自尊心をいたくくすぐるらしいのです。

読者を酔わせるセンテンスでもありました。

私が編集長となった『実話時代BULL』はクロスワード・パズルの懸賞が読者アンケートの釣り餌です。

「解答の他に、今月の本誌でおもしろかったものを二つ、①②と順番に、また、感想も忘れずお書き下さい」

と注釈があるので、みなハガキに気に入った企画を書いてきます。このパワー・ワードを使うと、決まってトップを勝ち取れました。決め台詞《ぜりふ》は誰が言ったかも重要なので、ぬかりなく現役のヤクザの口を借りました。何度使っても効果が目減りしないので、他のライターが担当するインタビュー原稿でも、編集方針としてそう言わせるように指示します。金で動かず、道理で引かず、命の殺り合いになっても男を曲げない……美学の実践こそヤクザの道を極める〝極道〟だと匂わせ、浪漫を呼び起こすわけです。娯楽としてのヤクザ読み物はファンタジーなのです。

作家・子母澤寛《しもざわかん》は「やくざものは面白ければいい」と断言しています。当時はまだ、子母澤の価値観がかろうじて社会に通用した時代です。ヤクザは嫌われ、恐れられてはいても、同時に愛すべき隣人でした。

極東会（新宿歌舞伎町に本部を置く指定暴力団）の大派閥である眞誠会には『限りなき前進』という機関誌の編集をしていた親分がいて、よく訪問しました。本部のあるビルはパン屋さんの組合が大家さんです。試食品なのでしょうか、事務所に原稿を持っていくと、ときどき焼きたてパンのいい香りがする。牧歌的で、今風に言うならエモい光景のおかげで、脳内でしっかりパンとヤクザが紐付けられました。今も運転中にパン工場のそばを通りかかると、その匂いで組員や親分を思い出します。

暴力団の時価総額を決めるもの

ヤクザは職業ではない……そういっても一面の正しさはあります。

一般人の多くは誤解しています。暴力団は、犯罪を直接の業務にする組織ではないのです。会社のように利益を生み出すために一丸となって分業し、活動していません。そもそも組織に金を払っても、金はもらえません。

ヤクザの明確な組織犯罪は抗争です。

直接利益を生み出さず、命さえ失いかねないマイナスのイベントですが、格闘技のファイト・マネーのごとく、その際のパフォーマンスによって格付けされます。よく戦えばファイト・マネーも上がるし、弱ければ堅気《かたぎ》になるしかありません。山口組が日本最大の暴力団になったのは、過去、山口組がもっともたくさん殺し合ったからです。殺し殺された命の蓄積が、暴力団の時価総額なのです。

ヤクザを象徴する商売道具は、ドスとチャカでしょう。これ以上殺傷能力の高い武器は、刑が重くなるため、原則、使えません。手榴弾は七、八万円程度で安く入手でき殺傷力も高いのですが、巻き添え被害が予想され、死刑になる可能性が高いので無用の長物《ちょうぶつ》です。ヤクザは建前上、疑似血縁制度を使い、親と子の関係を模倣しているので、「殺してこい」と命令できても、「死んでこい」「死刑になってこい」とは言えないのです。福岡県で手榴弾を拾って届けると報奨金がもらえるようになったのは、抗争で使えず、燃えないゴミにも出せないので、困り果てたヤクザが捨てるのでしょう。

ドスは正式な日本刀とは違い、鍔《つば》がないので斬り合いには向かず、裏社会の代名詞たる業物《わざもの》でした。刀剣に遠く及ばず、言ってみれば大きな包丁です。ヤクザに剣術の心得はいらず、不意をついて刺す程度の切れ味があれば事足ります。一番の目的は相手を脅すためで、脅すが転じてドスの名前となりました。

現在、ヤクザが〝道具〟という隠語を使えば拳銃を意味します。ドスにとって代わったのはより脅しが利くからであり、確実に殺せるからです。道具を使って行う〝仕事〟は、当然、人間の殺傷以外にありません。人殺しは確かに、職業とは呼べません。

群れるのは弱者の智恵

ヤクザ自身は組織を家族、または互助団体に似た存在、組合のようなものと説明します。最初はそうであったのですが、このご時世でぬけぬけとそういう現役は、都合良く配下を洗脳したいだけです。組員と呼ばれる構成員は確かに社員ではありません。それぞれが個人事業主で、各々表看板となる商売を持った人間たちが、任侠道の実践のために寄り集まったというわけです。

この説明の通りなら、やはり、なるほど職業ではありません。実際、力道山を抱き込み、プロレス興行に食い込んだ東声会という暴力団は、その後、名称変更して『東亜事業組合』（現東亜会。非指定団体）を名乗りました。ヤクザの理念を込めたのでしょう。

弱いから組織を作ったともいえます。

群れるのは弱者の智恵です。イワシのような小魚も大群を形成します。今となってはなかなか理解されませんが、ヤクザは社会的弱者が寄り集まった集団なのです。いわれなき差別に苦しめられた被差別部落出身者や在日朝鮮・韓国人が多かったのはまさにそのためで、差別と貧困が両親です。

誰であれ霞《かすみ》を食っては生きられません。生活費を稼がねばならない。差別に直面した人たちは、かつてなかなかまっとうな仕事に就けませんでした。行き詰まった人間たちが現状を打破しようと爆発し、経済的成功を手にするためヤクザとなった一面は確かに存在しました。少子化の進む日本が大々的に移民政策をとるなら、未来のヤクザは移民たちの二世、三世から生まれるでしょう。

環境は子供に強い影響を与えます。周囲にヤクザがいれば、将来、ヤクザになる子供たちが育ちます。今でもヤクザの力が強いのは、かつて根深い同和問題があった地域です。指定暴力団が西日本に集中し、分布数が西高東低となったのもそのためです。

私はまだ二十五年しかヤクザの実態を追いかけていませんが、取材を振り返っても、ヤクザが社会の下層から根を生やしていると実感できます。

『実話時代ＢＵＬＬ』には、毎月、最低でも一人、現役ヤクザのインタビュー・特写グラビアが載りました。親分インタビューでは定型的な質問のひとつとして、必ず趣味を訊きました。酒、女、麻雀、競輪、競馬、ボートレース、車やバイク、パワー・ボートにジェット・スキー、錦鯉や骨董の蒐集なども多かった。芸術を趣味にしたヤクザもいます。書画を描いたり、篆刻《てんこく》を彫ったり、写真を撮ったり……山口組と並ぶ神戸発の広域団体だった本多会は、のち大日本平和会となり解散しましたが、有力団体である至誠会の竹形剛は、作務衣《さむえ》を着てろくろを回し、陶芸展を開催しました。

しかし、千人の親分に訊いても、カラオケで演歌を熱唱するのが好きな人はごまんといたのに、クラシック音楽のレコードを鑑賞したり、コンサートやオペラを観に行ったり、ピアノや楽器演奏を趣味とした人はひとりもいなかった。わずかひとりもです。クラシックの素地がなければ、カラヤンが指揮するベルリン・フィルハーモニーの演奏だって喫茶店のBGMにしかならない。自分で人生を選んだつもりでも、育った環境がヤクザの決定を操っている。金を摑んだヤクザの子供からは、世界的な芸術家も生まれています。ヤクザが、貧困の連鎖を断ち切る手段となった証明です。

抗争で暴力性を喧伝し、格付けを手にしたヤクザはどうやって稼ぐのか。任俠道や我慢、自己犠牲といった美学の裏側に何があるのか。彼らの本性を突き止めれば、ヤクザが職業なのか、生き方なのかもはっきりするでしょう。

第一章

どうして働かないで生きていけるのか

一番の価値は暇であること

溝口　いきなりタイトルを否定するようですが、そもそもヤクザは職業なのかといえば、職業ではない。なぜなら、ヤクザは無職だからです。例えば、作家・佐藤春夫の弟子筋にあたる井出英雅という作家が、『無職渡世《ぶしょくとせい》』という本を一九六二年に出しています。昔からヤクザは無職って決まってるんです。

鈴木　『無職渡世』は上萬一家（現在の指定暴力団・松葉会傘下）四代目格だった志村九内の生涯を聞き書きした本で、貴重なノンフィクションです。格というのは志村が頑《かたく》なに跡目を固辞したからでした。巻末には「註・言葉の説明」があって、その冒頭で「渡世・無職渡世」は〈やくざの収入は賭博のテラ銭以外にないはずである。賭博は法律が許していない。テラ銭も同様である。では、法律上無職である。しかし世渡りはしている。で、無職渡世といった。世をはばかった意である。音をぶしょくとするのは、威勢をふくませた〉と解説されています。それで口を糊《のり》していても、御法度《ごはっと》の商売だから無職だという日陰者意識です。

溝口　元来、「稼業」という言葉は、テキ屋の言葉です。ここで基本的な説明をしておくと、警察は暴力団を大きく三つに分類しています。博徒系、テキ屋系、愚連隊（青少年暴力団）系で、博奕打ちである博徒系と、屋台を出してものを売るテキ屋系では、言葉の使い方が違います。

鈴木　もはやごちゃごちゃに使われていますが、『無職渡世』を書いた井出もまた博徒が稼業という言葉を使うのはあり得ない、そういった現役ヤクザもいるが誤りだと断言している。無職渡世のような自卑表現を使うのは、世間様のお目こぼしで生きているのだから、世をはばからねばならないという美意識です。自分たちの正業である博奕を「イタズラ」と軽く呼ぶのも同じで、さらに卑下して「盆の垢をなめる」などと言う。盆は博奕場の意ですが、おそらく梵からきていると思います。昔から、博奕は寺で行われていました。勝った側から徴収する手数料を「テラ銭」と言うし、賭博場の開催を「開帳」と言います。元来は秘仏を公開することです。

溝口　稼業に対応する言葉として、博徒が使うのは渡世という言葉。

鈴木　無職でいながら世渡りをしているということですが、本心をいえばそこに彼らの矜《きょう》持《じ》がある。表面上、自分たちの位置を「ヤクザは乞食の下で盗人の上」と言いながら、金《きん》筋《すじ》と呼ばれる本格的な博徒は、自分たちは犯罪者ではあっても悪人ではない、真っ当に働いてはいないが、卑ではないと自負している。

溝口　つまり「無職渡世」とは、働かないで生きていくというニュアンスです。

鈴木　自らを「遊び人」と言うのは、卑下でもありますが、まさにそうした哲学を表している。博徒の起源においては、博徒は裏稼業で日陰者だから、世間的には無職ということにしていたはずなんです。それが時代を経るにつれ、暴力団というのは働かないで食うものだ、顔で食うのが暴力団なんだと変化していったのではないでしょうか。

溝口　働かないで食うという、そこに彼らは価値を見出しているわけだよね。世間の労働者と違い、俺たちは額に汗して働かない、そのことに彼らは価値を見出している。ヤクザの一番の価値というのは、暇である、ということだと思うんです。

鈴木　働く必要がないのは、それまでにたくさんの修羅場をくぐってきた証明だからですよね。さんざんやることはやってきた。その結果、名前で食えるまでになったということ。

溝口　例えば、三代目山口組の若頭（ナンバーツー）だった山本健一の奥さんの山本秀子がこないだ亡くなったけども、彼女に会ったとき言っていたのが、「結婚してみると、ともかくヤマケン（山本健一の愛称）がいつもぶらぶら、ぶらぶらしている。そのことに私はびっくりした」と。要するに、いつも暇してるわけです。

鈴木　普通の人が見たらびっくりしますよね。昼間から雀荘で麻雀をして、夜は飲みに出て、何もしていない。でもそれがヤクザの価値なんです。

溝口　そう。暇しているから、突然の喧嘩だとか博奕場の揉め事だとか、そういう急な出動要請に応えられる。まぁ、はっきりいえば、生活方針や生き方みたいな小難しい話ではなく、「わしはプラプラしていたいんだ」と、そういう怠け者が職業になったということでしょう（笑）。

働くヤクザは低く見られる

鈴木　しかしその結果、暇であればあるほど、優秀なヤクザであるという価値観が定着しています。だからヤクザは、働かないで生きていくことに、強烈なプライドを持っています。

溝口　そうとも言える。というのは、現在の六代目山口組で、若頭の髙山清司がまだ懲役に行く前に（恐喝罪で二〇一四～一九年まで収監）、神戸の山口組総本部に平日は午前十時から夕方五時まで詰めていた。このときに、他のそれ以外の直参（山口組の二次団体組長）たちも揃って神戸に宿泊所を設けて、本部に、用があろうとなかろうと詰めていました。

直参たちはそれぞれ自分の組を持っていて、それは全国に散らばっている。本部詰めは、実際には無駄なことなんだけども、これができないと、直参ではないとされた。要するに、自分のシノギ（資金源獲得の手段）は自分の腹心に任せて、よりよい左うちわができなければ、直参の資格がないという考え方です。

鈴木　直参の組長自身がいろいろ指示したり、現場に行ったりしないと稼げないようではダメだということですね。

溝口　もちろん中には、「神戸に詰めていたらシノギができない、どうしてくれるんだ」という声もあったんですけど、その声を大っぴらに出すことはできなかった。

鈴木　あくせく働くこと自体がヤクザとして低く見られてしまう。地下足袋を履く、と彼らは言いますが、汗水流して肉体労働するのを良しとしない。

溝口　だから、警察庁の調査でも、ヤクザのピラミッドで一番末端にいるのが、単純労働依存型ヤクザです。その上に親依存型とか、さらにその上に女依存型とかがあるぐらいで、労働依存型ヤクザというのは、例えば昔だったら、沖仲仕《おきなかし》をやりながら、あるいは炭鉱労働をしながらヤクザになる。これは労働依存型で、ヤクザ社会の中では低く見られる。

鈴木　私が『サカナとヤクザ』という本で密漁に関わるヤクザを取り上げた際、溝口さんは「海に潜ってナマコを獲るヤクザがいるなんて、それだけヤクザは困窮化しているのか」と驚いてましたよね。

溝口　そうですね。彼らの誇りとは、「腰に手ぬぐいぶら下げて肉体労働してない」ということ。だから、密漁ならまだしも、労働力だけがものを言う農業なんかには絶対に手を出さない。彼らが栽培するのは大麻ぐらい（笑）。

鈴木　密漁もナマコなど高級海産物だからこそやる価値がある。

「正業を持て」

溝口　一方、かつて三代目山口組組長の田岡一雄は、組員たちにしきりと「正業を持て、正業を持て」と言っていました。田岡はそれまでのヤクザと違い、働くことを良しとする考え方だったんです。

しかし、そこの若い衆で割と有名だった山本次郎というヤクザがいた。山次組という組を率いていた組長で、「殺しの次郎」と言われるぐらい恐れられていた人物ですが、彼だけは田岡に願い出て、「組事務所に出ると生活できませんから、辞めさせてください」と言い出した。すると田岡は、「ならお前はいい」と免除した。あの田岡をして、山本次郎だけは例外とするところに、ヤクザの価値観みたいなものがある。

田岡の考え方の根底として、今でこそ山口組は博徒の集団と名乗ってはいるが、本当にそうだったのかという疑問がある。違うんですよね。博徒ではなかった。

山口組の中にも、博徒系組織がいるにはいるが、もともとは、神戸港の沖仲仕とかそれを差配する手配師、あるいは神戸中央市場で野菜を引いていたとか、そういう雑多な働くヤクザのグループだった。

そのなかで、山口組を全国組織にした三代目組長の田岡は、江戸時代の侠客、幡随院《ばんずいいん》長兵衛《ちょうべえ》を尊敬していました。幡随院は、浅草で口入屋《くちいれや》(人材派遣業)をやっていた。子分はいましたが、金は自分で稼いでいたわけで、子分の金で飯を食ったことは一度もなかった。そういう考え方が田岡にもあったから、子分たちにも正業を持て、つまり自分の食い扶持は自分で確保しろ、と言っていたわけです。

鈴木　兵庫県警が編纂した「山口組壊滅史」には、山口組は手配師から浪曲の興行へと進出し、田岡の時代に興行暴力団となったとあります。田岡も港湾荷役の他、芸能興行という正業を持っていたわけです。裏のシノギは、どこまでも逮捕されるリスクがあるけど、表の仕事にはそれがない。

　面白いことに、山口組に限らず関東の稲川会や住吉会など、広域暴力団の多くは自らの出自を博徒系だと誇ります。やはり、暴力団の保守本流は博徒であるという意識があるんです。

暴力そのものをシノギとする

溝口　先ほど博徒とテキ屋では使う言葉が違うと言いましたが、博徒の勢力範囲を縄張りというのに対し、テキ屋のそれは庭場《にわば》と言います。縄張りはもともとその地域で賭場を開帳する権利といったもので、貸元《かしもと》と言われる親分が縄張りを持ち、代貸しが貸元のもとで管理・運営にあたる。今ではそれが拡大解釈されて「この地域の店はうちの縄張り」といった考え方になりました。誰かが認めたわけでなく、勝手に無理やり利権化するのです。そして用心棒代などの「みかじめ料」を取って、万が一客が店で乱暴などすれば、組が責任を持ってその客をつまみ出す。

テキ屋の場合、庭場に権限を持つ者を庭主といい、庭主が出店の位置を采配し、神社や警察との掛け合いに責任を持ちます。会場内で喧嘩が起きたりすれば庭主の若い者がうまく収め、そうしたことの見返りに出店する者はショバ代を払います。

警察の分類では、博徒系とテキ屋系のほかにもう一つ、愚連隊系があります。愚連隊系というのは、終戦直後に戦争帰りの軍人とか大学生崩れとか、そういうのが始めた組織が源流となっている。鈴木さんが取材してきた安藤組（法政大学を中退した安藤昇を組長とした組織。六四年に解散）とかね。

鈴木　その三分類は、恐らくシノギの形態で分類されています。ざっくりいえば、博徒でもテキヤでもない暴力常習者が愚連隊です。シノギはいわゆる用心棒だとか、世間で言われる暴力団的なゆすり・たかりの先駆けですね。みかじめ料とか、覚醒剤を売買するとか。かつては警察の分類も細分化しており、会社ゴロ、港湾ゴロ、不良土建、右翼系暴力団、不良興行、新聞ゴロ、炭坑ヤクザなどがいました。

博徒の場合は、自分たちの利権を守るための暴力です。脛に傷持つ違法業種だから、警察に駆け込めない。トラブルがあっても自分たちでカタを付けるしかなく、暴力を使って自衛もする。テキ屋も普段はおとなしいけど、庭場を荒らされたりしたら、最後は暴力で解決します。最近は警察が道路使用許可を出すので、指定暴力団の代紋が邪魔となり。あくまで露天商である、表の仕事だと強調するようになりました。

それに対して、愚連隊の場合は、暴力そのものを金に換える。自分たちの生存基盤を持たずに、他人の金を奪ったり、暴力というサービスそのものを買ってもらうわけです。つまり、暴力そのものがシノギになっています。

広域暴力団はシノギの百貨店

溝口　そして、愚連隊的なシノギがその後、すべての広域暴力団のシノギになっていった。

全国的に組織を広げている、山口組、稲川会、住吉会あたりを代表とするのが広域暴力団です。広域暴力団というのは、ネームバリューのある組織にくっつけば、シノギがしやすいという理屈で、どんどん小さな組織が吸収されて広域化していくんだけれども、それに伴って、広域暴力団はある種、百貨店になっていくんです。つまり、いろんなシノギをしている組が傘下に入ってくるでしょう。そういう中で、暴力に根付くものなら何でもシノギにすることになる。それは極めて愚連隊的ですね。

鈴木　確かにそうですね。組織の中に博徒もテキ屋も愚連隊もいる。あまりに大きすぎて、百貨店どころか暴力のフランチャイズに近い。

元々は博徒でも、今は博奕場が経営できないので、博奕専業は、ほぼないと言っていい。山口組は六代目になって、傘下の二次団体に清水次郎長を初代とする清水一家を継承させ、名乗らせましたが、元来、そこは闇金事件で有名になった五菱会《ごりょうかい》です。

溝口　四国の矢嶋組（六代目山口組の二次団体）は博徒系で始まっています。

ではヤクザの原点は何だったか。江戸末期には、ひとつの町で六〜七人の火消しを抱えなくてはいけなくて、そこで集めた若い衆、町奴《まちやっこ》（町人出身の俠客《きょうかく》）みたいな連中をまとめる人がいて、それを「親分」と呼んだわけです。そして親分には、若い衆を抱えていれば町から補助金が出た。親分は火消しだけやっていたわけじゃなくて、町のあちこちに目を光らせて、工事がありそうだと思えばそれを請け負い、解体とか鳶《とび》なんかを若い衆にやらせて日銭をピンハネしていた。それと同時に、浅草のような盛り場では、今で言う「みかじめ料」を取ったわけです。

鈴木　当時は「土地が悪いか、ヤクザはいない、町のがえん（臥煙）が風を切る」と唄われたそうです。〝がえん〟とは火消しの意ですが、後に〝ごろつき〟を指すようになりました。

溝口　火消しの親分が出てきた江戸時代には、町屋は町屋、侍や旗本もそれぞれ火消し人足を抱えていたでしょう。それぞれ対立したりもしたけど、ほとんどの町では、そこに住む富豪が町奴を支配することが多かった。だけど浅草だけは新門辰五郎《しんもんたつごろう》という親分が仕切っていた。新門一家というのは今もある。

その新門辰五郎が浅草寺に露店も立てるし、猿回しとか薬売りから金を取るから経済力があって、商人に頭を下げなかった。それが原型になって、ヤクザ独自のシノギの目処《めど》がついてきたのではないでしょうか。

鈴木　土木建築の人足供給業も、ヤクザの原型のひとつです。海運業に労働者周旋していた山口組が、元来、建築業のものだった「組」という名称を使うように、両者は双子のような関係にありました。都市部が拡張されるにつれ、人足供給業はその末端で建築現場を支えた。たくさんの労働者が必要になり、人足の親玉たちは、働き手を集めるため、なぐさみに博奕を開帳した。博徒とのハイブリッドになっていった。土建業にヤクザが多かったのはこのためです。

第二章

なぜ暴力団に需要があるのか

負のサービス産業

鈴木　警察が分類するところのいわゆる伝統的資金源……博奕、覚醒剤、売春、みかじめ料などですが、これらはすべて、違法でありながら需要があるという共通点がある。組織犯罪は社会からの注文があってはじめて成立するんです。麻薬や覚醒剤が裏で売買され、巨額の利益を手にできるのは、それを欲しがる市民の要望、需要があるからです。

溝口　だから、そういう意味で、暴力団は負のサービス産業なんです。

鈴木　まさにそうですね。犯罪とはいっても、商行為である以上、信用第一です。犯罪組織は秘密を守るために裏切り者を殺すことも厭《いと》わず、一般の商行為より厳格に信用を守ろうとします。何せ警察にバレたら客もヤクザもおしまいです。ここなら秘密を厳守してくれるという信頼感が欠かせません。

溝口　禁酒法時代のアル・カポネなんて、まさしく禁止されているアルコールを提供した。これは、その当時の法律では違法なんだけども、違法を押して提供すると。それは危険を冒す。その分、高くなる。しかしながら、需要がものすごくある。だから、儲かる。おおよそのシノギはそういう仕組みになってるわけです。

覚醒剤だって、提供すれば逮捕されるリスクを負う。だけども、リスクを背負って提供すれば儲かるという、そういうことです。

鈴木　暴力団というのは、どうしてもテレビや漫画の影響で、映画『マッドマックス』みたいに、暴力を使って物や金銭を奪い取る無秩序を想像するかもしれないけれども、そうではないんです。しっかりと市場があって、その需要に応えているから、存在し得るわけです。つまり、負のサービスを求める人たちにとっての〝商店〟として機能している。

溝口　たとえばみかじめ料にしたって、店のほうから出す場合もあるわけです。繁華街は危険なことも多いので、親分さんに守っていただいて、今月も無事に過ごせましたというママさんもいるわけで、警備料と思っているということ。

鈴木　必要経費であるという考え方ですよね。

溝口　用心棒代もみかじめ料に似たものですが、実際に夜の店でお客さんが暴れたって、警察に電話してもなかなか来てくれません。警察には民事不介入という原則があって、明らかな暴力行為でもない限りなかなか介入できない。そもそも警察からしたらそんな面倒に巻き込まれたくない。そういう中で、月々、そういう決まったものを払っていれば、いざというときに駆けつけてくれる。

今は違うけれど、昔はヤクザ事務所っていうのは二十四時間営業だったんですよ。電話一本でどんな遅くても駆けつけてくれる。そこにみかじめ料を払う価値もあったわけです。

鈴木　時代が荒っぽかったからトラブルがいっぱいあったんですよね、昔は。酔っ払いもたちが悪いし、すぐに暴れて喧嘩になる。ヤクザが乗り込んでくると、これはもうヤクザに頼むのが早い。そういうときのために、暴力団はプラプラしている遊撃隊をわざと飼っているわけです。今は携帯電話が普及したから、事務所詰めは二十四時間じゃなくなりつつあるけど、それでも大きな組織には必ず誰かが当番で入っています。

説得するための最強の武器

溝口　暴力そのものは必要悪という考え方が、そこにはある。例えば、地上げを考えると、地上げを効率よく進めるためには、弁護士を雇って裁判するんでは、時間がかかってたまらない。暴力団がそこに定住してくれて、住人や周りの人を追い出しちゃうとか、あるいは火をつけちゃうとか、隣の部屋の人間を引きずり出して殴っちゃうとか、そういう手荒なことをすることで、出て行くんです。決して褒められた手段ではないが、実際に短期間で出ていく。だから、地上げ屋が成立する。そういうときに暴力が必要になる。

鈴木　暴力は自分の要求をゴリ押しするための最強の武器です。他人を説得するとき、金や論理を持ち出すより、暴力のほうが早い。

溝口　こう考えたらわかりやすい。要するに、人間にとって何が一番怖いかというのは、生命を取られることです。これに対しては、どんなに巨額の金を積んでも、命には勝てない。だから、生命を脅かすということ、あるいは、そういうふうに警告することによって、ヤクザの商売が成り立つ。

鈴木　とりわけ、ゴロツキに絡まれた場合がそうです。何かのトラブルが起きてゴロツキが金を無心しに来る、タカリに来る。そいつらが一番何を恐れるか、暴力です。暴力を使って相手の頭を押さえ付けようとするヤツには、それ以上の暴力で対抗するしかありません。だから、暴力団の看板を出せば、話がつきやすい。

溝口　早いというだけでなく、頼る側が地位のある人だったりすると、警察に駆け込んだり裁判に持ち込んで表ざたになることを嫌がる。それこそ暴力団の出番。

ヤクザは税金を払っている

鈴木　裏の商売はとにかく、トラブルを自己解決しなければなりません。裏ビデオや違法コピーのＤＶＤを販売している業者が盗難に遭っても、警察に行けない。ヤクザだって縄張りを奪われても、警察に泣きつけない。縄張りを死守する必要があるのは、生きるための米櫃《こめびつ》を自分でしか守れないからです。

　警察が介入できない一種の聖域だから、暴力があれば他団体のシノギも奪えます。極端な弱肉強食がヤクザの原理原則であり、彼らの言う筋は、強い側の言い分でしかありません。これほど極端で不安定な生き方をしていれば、「正業を持て」と言いたくなる。

溝口　実際には、警察が伝統的資金源と定義する前から、危機感を持った田岡はそう言っていたんだけども。田岡が言う正業は、建築関係であろうと、港湾事業であろうと、家畜の飼養だろうと、なんでもいいんです。

鈴木　税金を払って、警察に突っ込まれても問題なく、堂々とマネーを稼げる仕事ですよね。その場合、会社であり法人だから、当然、税金も払う。税理士もついてます。

溝口　ヤクザの多くは税金を払わないという、そういうイメージがあると思うけども、組長クラスは払っている人が多いと思います。というのは、僕は、竹中武（山口組四代目組長・竹中正久の弟で二代目竹中組組長）から聞いたんだけど、税務署は怖いから絶対払うんだと。「うちの兄貴（竹中正久）に、税金を払ったほうがいいよって、おれは忠告していた」と。しかしながら、兄貴は横着して、野球賭博で脱税であげられることになってしまった。そういうことがあるから、ヤクザは税金を払っておかなくちゃいけないという考え方が定着した。

鈴木　もちろん、非合法な収益を申告することはないので、税金は正業を営んでいる場合に限られます。今月は覚醒剤が百万円売れて、仕入れがこのくらいで……なんてしません。ただ、ヤクザは昔から懲役を税金と考えていました。普段、無税で稼いでいるのだから、時折、刑務所にぶち込まれるのは致し方ないというわけです。

溝口　田岡の場合は、甲陽運輸という港湾荷役の会社や、美空ひばりがいた神戸芸能社という芸能プロダクションの社長をやっていましたから、それらに関してはちゃんと税金を払っていた。

二枚の名刺を持っていた

鈴木　昔はよく、「○○組組長」と書かれたヤクザとしての名刺と、「●●社社長」という経営者としての名刺を持っていて、初対面では「どっちが欲しい？」と聞かれました。どっちももらいます（笑）。

溝口　そこは関西と関東との考え方の違いもあって、山口組に代表される関西系のほうが、伝統的に正業を持つという考え方は強いように思う。

象徴的なのが山口組と関西を二分する組織だった本多会で、本多仁介という組長は、田岡と同時代人で同じ港湾荷役をやっていたが、田岡と違って彼はヤクザではなく実業のほうを選ぶわけです。そして本多会は解散し、大日本平和会という右翼組織に変わる。当時はヤクザとしてどうかと言われたが、今となって考えてみれば、先見《せんけん》の明《めい》があったのは田岡より本多でしょう。

鈴木　まさか正しく稼ぎ、税金を払う行為が禁止されるとは思っていなかったでしょう。

確かに、今やその正業自体が禁止されているわけですから。

溝口　そのとおり、今はヤクザの正業は認められてないんです。奥さんの名義にしたって許されない。たとえば新しくビルを買って、テナントからの賃貸料でやっていくなんていうことすら許されない。

鈴木　そういえば今、九州・工藤会の野村悟総裁が数々の事件で起訴され、死刑を求刑されています。裁判で「職業は？」と聞かれて、駐車場を持ってるから、「駐車場の管理、経営をしています」と言ったそうです。普通は「無職」と言うはずなんですよね。それはヤクザが無職渡世であるということより、暴排条例（暴力団排除条例）で実質、正業を持つことができなくなったから、正業を申告できない。

溝口　そういう事情もあるでしょう。

鈴木　ヤクザが逮捕されると、だいたい「住所不定無職」と報道されるのはそういうわけです。ちなみに住所不定なのは、事務所に住民票を置いていたり、あるいはマンションを借りていても別の人の名義だったりして、住民票の住所にいないことが多いからでしょう。

暴力団の正業が禁止されたのは、二〇一〇年以降に全国で暴排条例が施行されてからですよね。

溝口　暴対法（暴力団対策法）が施行された九二年ごろは、まだ正業を営んでいましたからね。ところが注意すべきは、正業禁止に対して、暴力団側はほとんど抵抗していないことです。大問題にもかかわらず、それを問題視しなかった。

鈴木　暴対法が施行される際に裁判闘争を行い、全く主張が認められなかったからかもしれません。不思議ですよね。

溝口　山口組は、一度は暴対法は違憲であると裁判で争うんだけども、そのうちに阪神大震災が起こって、「こういう時期だから、もう裁判で争うのはやめよう」と五代目組長の渡辺芳則が下ろしてしまった。こうして、正業禁止という警察の方針に暴力団も従ってしまうことになった。

鈴木　権力に従ったほうがあとあと得だという判断だったんでしょうね。やっぱり国家には負けるという判断が、案外暴力団にはある。

暴力団の下請け化が進む

溝口　それと当時、まだ暴力団社会にはバブルの余韻が残っていた。地上げをやれば、末端の組員だって、億の金をつかんでいたくらいです。ヤクザと一緒に飲みに行くと、ヤクザが、「いいよ、ここはおれが払うよ」と言って、懐を見ると最低でも五十万円入っていた。そういう時代だった。

鈴木　いや、もっと入っていましたよ。百万どころか……。しかも平気でそれを一晩で使っていた。

溝口　暴対法以降に出てきたのが「フロント企業」です。自分名義ではなく、自分の舎弟なんかに会社を営ませて、その収益の一部を上がりとして得るということ。

鈴木　その舎弟が暴力団員かどうかは定義の問題があって難しい側面もありますが、ともかく自分が直接経営するのではなく、自分の名前をバックにして商売をさせて、その代わり売上のいくばくかを持ってこいよというようなことですね。直営店もあるし、フランチャイズ店もある。

それと一昔前のバブル期には、総会屋という仕事もありました。映画『仁義なき戦い』の脚本家だった笠原和夫は、大ヒットとなって続編を書くよう会社に言われたのにそれを断わり、その後のヤクザの姿として総会屋の映画を撮ったんです。実際、当時はそれが暴力団の最前線でした。株主総会でのトラブルを防ぐために、事前に総会屋を雇って収めてもらう。

溝口　本来、総会屋は暴力団と関係のない事業者集団だったんだけれども、徐々に徐々に暴力団の勢力を背景にして、暴力団の下請け化していって、最終的には、総会屋イコール暴力団という、そういうイメージが形づくられました。

鈴木　街宣車を使う右翼団体の中にも、実質、暴力団の下部団体になっている組織があります。こちらは企業に街宣で圧力をかけることで金を得る。たいていの暴力団は、右翼団体を抱えています。総会屋と任俠右翼は企業を守る側と攻める側でありながら、どちらも暴力団との関係を持っているという共通点がある。

溝口　そうした暴力団の下請けとなっている企業や団体を警察は「共生者」と呼びます。「暴力団と共に生きる者」という意味です。もっとも、右翼団体に関してはしっかりした思想・

信条でやっている組織もある、ということは一応言っておかないといけない。ほとんどが暴力団の下請けであるにしても、です。

鈴木 純粋な民族派の中には、任俠系の右翼団体を苦々しく思っている人もいるはずです。

組長は子分をシノギにしていった

溝口 それと、ヤクザが普通のサラリーマンと決定的に違うのは、サラリーマンが会社から給料をもらうのに対して、ヤクザは組に月会費（上納金）を納めているんですよね。組の稼ぎというのは、組員たちが稼いできたその月会費からなる。それは親分への感謝として上納しているということ。

鈴木 一応それは、組の組織運営のための必要経費ってことになるわけですよね、そうしないと収入になってしまい、課税対象になってしまう。

溝口 ただ実態としては、その月会費は、ほぼイコール組長の金と考えていいかと。会費から通信費であるとか、事務所賃借料とか払うでしょうけれども、そんなものは微々たるもので、おおざっぱに言えばすべて組長の金です。

鈴木　そもそもは本当に必要経費だったんですよね。だけど、徐々に暴力団の会費が上がっていった。子分に金を持たすとろくなことをしない、そして稼げば稼ぐほど、暴力団は強くなるからという名目で、金を集めていった。いわば、子分をシノギにしていったわけです。山口組も例外ではありませんが、元来は関東から始まった流れです。

溝口　西に移ってきたんでしょうね。山口組はかつてはそうではなかった。例えば先ほどから言っている山口組三代目組長の田岡は、「おれは若い者から金をとるほど貧乏していない」と啖呵《たんか》を切ったそうです。甲陽運輸をやったり、神戸芸能をやったりして、そこから金はいくらでも集まってくるんだと、おまえら子分からは要らないよと。田岡時代の月会費は、わずか二千円だったそうです。

鈴木　本当の必要経費ですね。

溝口　それに比べて異常なのが、六代目山口組の直参相手の上納金の高さです。正規で毎月百万円、それから、そのほかに臨時徴収とか、組長の司忍のお誕生日とか、直参クラスになると上納金だけで大体年間三千万円くらいは必要になってくる。なんといっても、かつて司の収入は最盛期、年間六億～十億円と言われていましたから。

喧嘩をすれば金が湧き出す

鈴木　一方で、子分が金を納めるのは出世のためでもある。覚醒剤でこれだけ儲かったので、親分、ちょっと持っていってくださいと。こうして、自分の立場をよくするために自ら上納するヤクザもいる。

溝口　よくヤクザは二通りしかないと言います。自分の命をかけて、喧嘩で刑務所に行くか、お金を運んでいい子になるか、その二つしかない。

つまり金を稼ぐ才能がないやつは、命をかけて、ヒットマンになるわけですよね。その伝統はまだ生きている。例えば、六代目山口組若頭の髙山清司は、「喧嘩できないで何でヤクザだ、刑務所に行かないで何でヤクザだ」と言う。「刑務所に行ってくれる組員がいるから、われわれはうまい飯を食えるんだぞ」と、そういう言い方をする。

というのは、このことによって、その組の暴力イメージというか、怖いイメージ、それが高まるからです。

鈴木　暴力があるからこそ、シノギができる。怖いと思われるからお金を払う。

溝口　だから、彼らの言葉で、「喧嘩をすれば金が湧き出す」というのは、そこなんです。

鈴木　それたぶん、溝口さんが週刊誌で書いてから、暴力団社会に広まったんですよ（笑）。

溝口　いやいや、それは五代目山口組若頭の宅見勝に聞いたのかな。要するに、だからこそ、暴力団は暴力をふるわないとお金にならない。

鈴木　宅見勝が「経済ヤクザ」と言われたのは動かしていた金が巨額だからですが、実際には喧嘩ができなければ経済ヤクザにはなれない。

溝口　武闘派ヤクザ、経済ヤクザという分類がありますが、ヤクザからは、武闘派とは何だと、あらゆるヤクザは武闘派だよと、そういう反論がある。それはメディアなり、警察なりが勝手につくった分類だから。

鈴木　もっとも、そう言いながら、ヤクザ相手に喧嘩しないヤクザもいます。

さらに言えば、暴力の誇示は、同じ暴力の信奉者であるヤクザに行い、実際に行使せねばならない。カタギ（堅気）に対しては、その半面に好かれなきゃいけない。カタギにまで怖くしてたら客は来なくなっちゃいます。対ヤクザの暴力性と、対カタギの優しさの二面性が大切なんです。

愛され、かつ、怖がられる

溝口　よく言うのは、暴力団は地元の人たちに愛され、かつ、怖がられなくちゃいけないんです。

鈴木　暴力一辺倒でいればいつか裏切られます。二律背反を成立させなければならないから、「馬鹿でできず、利口でできず、中途半端で、なおできず」と言われるんでしょう。

溝口　地元の商店主であるとか、町工場の社長とか、そういう連中に対してはにこやかに、「お話はわかりました」とうなずき、電話を取ってその場で持ち込まれた問題を解決してやる。先方に「あの件はどうなっています。何々したいという人もいますよね」「そうですか、それで構わない？　じゃ、そうしておきましょう」とソフトな語り口で解決を図る。先方は親分の威光に腰砕けになります。この辺りは映画『ゴッドファーザー』の初代ヴィトーのやり方と同じです。こういう対応が重要なんですよ、金集めに。

鈴木　そう、そう。政治家じゃないけど、陳情されて電話一本で何とかするというのが、優秀なヤクザです。

溝口　僕は、京都の組事務所で、それを実際にやってるのを見たことがあります。ほんとに組事務所は政治家の事務所みたいで、しょっちゅう電話がかかってくる。それから、お客さんが詰めかけている。それと面と向き合って、これはどうでしょう、こうでしょうって相談を受けるわけ。それを適当にさばいていくと、まさしく政治家です。

鈴木　政治家と一緒と言えば、ヤクザも会食が重要な仕事なんです。「俺らの仕事は飯を食うことだ」と言った親分もいます。政治家は権力、ヤクザの場合は暴力に惹かれて、人が寄ってくる。会食の場で、人と人を会わせて、つなげることでシノギが生まれる。

溝口　それがまさに、愛されるし、怖がられるということです。

鈴木　世間は誤解していますが、本来、ヤクザは詐欺をしません。力で強奪するのがヤクザの本懐です。特にオレオレ詐欺のように高齢者という弱者を騙すような犯罪は、弱きを助け強きをくじくという彼らの理想に反する。実際、オレオレ詐欺で儲けるのは、覚醒剤よりもイメージが悪い。覚醒剤の売買は、他人を騙してはいない。「米を買う金を持ってきた客には売らない」と密売の美学を言うヤクザもいた。

溝口　昔は暴力団の代表的罪名といえば恐喝でした。今、恐喝の件数が年々減っていて、その代わり、暴力団の罪名として詐欺が上がってきている。

この二つは性質が全く違うんです。詐欺というのは、自分の名前を言わない、自分の住所地を言わない、自分の会社名を言わない、あるいは騙《かた》るというインチキでオレオレ詐欺なんかをやるわけ。ところが、恐喝というのは、「おれはどこそこ組の誰それだ」と名乗ることによって成り立つ。つまり、恐喝はヤクザらしい犯罪なんですが、詐欺はそうではない。

鈴木　詐欺はヤクザらしい犯罪ではないから、恐喝で捕まるのは全然いいけど、詐欺で捕まるのは恥ずかしくて言えない。破門になる組織もあります。

ただし、犯罪をしているワルから一定のみかじめ料をとるのは、暴力団の正当な権利として認められている。社会の裏側は俺たちのもの。そこで稼ぐなら税金を払ってもらいますというのがヤクザの常套句です。

第二章
抗争に経済的メリットはあるのか

勢力圏は力で決めるしかない

鈴木　現在のヤクザたちは、表面上、平和共存路線を掲げています。好き勝手に振る舞い、抗争なんてしていたら警察に潰されるだけだ。侵さず侵されずを徹底し、トラブルがあっても暴力を使わずに解決しようというわけです。稲川会や住吉会が加入している関東暴力団の親睦団体だった関東二十日会《かんとうはつかかい》の規約では、トラブルで拳銃を使用することを禁じていた。ヤクザなのに相手を銃撃すると処分されるわけです。でも、それがいくら社会的に許されない行動であるにせよ、抗争しなければヤクザに存在意義などない。喧嘩をしないヤクザなど全く怖くない。腰を低くしていたって、誰も言うことを聞きません。

溝口　ヤクザのシノギというのは、もともと誰の許可も得ていない商売です。では、誰がどこでどんなシノギをするのか、どうやって決まるかというと、それは力関係によるしかない。自分の縄張りだろうと、みかじめ料を取る店舗であろうと、賭博を開帳する場所であろうと、みんな同じです。要するに、ここはおれの勢力圏だ、というのは力で決めるしかない。

ところが、そのパワーバランスが崩れると、合法的な企業、合法的産業のように裁判所もないし、法的な規制もないわけです。となると、「腕ずくで来い」となるのは当然のこと。やはり暴力団というのは、基本的に弱肉強食の世界であるといえる。だから、争いは絶えません。その関連で抗争も起きてくる。

鈴木　暴力団は弱肉強食の世界なので、栄枯盛衰です。パワーバランスの変化は頻繁にあり、一代で大組織になったり、あっという間に落ちぶれたりする。

溝口　その組の親分が病身になって、暴力団活動から退くとか、あるいは、代替わりするとか、死んでしまったりして、その組織が衰えたり混乱したりするとかね。いろんな理由があります。そうして力関係が変化すると、他の組からの侵食というものが起きる。

鈴木　抗争にはいろいろな形態がありますが、もっともわかりやすいのは利権の取り合いです。相手の勢力範囲を侵食して、シノギを奪い取るというのが勢力拡張のもっとも簡単な方法。ヤクザが勢力を拡大していこう、組織を強くしていこうとなったら、相手のところから奪い取るしかない。ヤクザが興味を持つ仕事は、濡れ手に粟か、違法なのでライバルがいないかです。自分の縄張りの中で新しいシノギを開拓するという発想は、あまりない。

それよりも手っ取り早く他団体のシノギを奪いに行く。そうしたら、相手も奪われたくないからやっぱり喧嘩になる。これがもっとも簡単な抗争の勃発のメカニズムです。

溝口　暴力団は負のサービス産業だと言いましたが、しかしながら暴力団同士がサービスの質を競い合うということは原則しない。競い合いは力関係によるものしかない。

鈴木　経済規模が小さい地方都市では、同じエリアに複数の暴力団が巣くう状況にはなりません。分け合うだけのシノギではないし、田舎では余所者《よそもの》が入っていっても溶け込めないのです。それに力の勝負だから、負けた組はそこから退散するしかない。共存なんて話になりません。関東では例外的に縄張りの既得権が認められていますが、それだって建前でしかなく、弱い組織はシノギを奪われます。

抗争は暴力団の必要経費

溝口　例えば歌舞伎町だと、みかじめ料なんかは早い者勝ちが基本なんです。先取特権と言いますか、その店に最初につばをつけた者が、みかじめ料の収入を得るという不文律がある。それは鈴木さんが言ったとおり関東のほうが厳格ですが、関西でも、繁華街によってはそういうこともあるはず。しかし、このルールはたびたび崩されていき、抗争が起きることになる。

鈴木　関西に縄張りが存在せず、力の勝負となっているのは、とどのつまり経済規模が小さいからだと思います。裏社会でも金持ち喧嘩せずなんです。なんだかんだ言っても東京のヤクザは、金を持っているから余裕があって、ある程度そうやって他団体が進出してきた場合でも、相手の顔を立てて、「いくばくかのお金をあげますから引いてください」といった、平和的な解決で任俠を気取る。大阪ならもし誰かにシノギを取られるくらいなら潰してしまえとなります。

ただ、ヤクザは喧嘩を「マチガイ」と呼ぶ。人間誰しも間違いをする。間違いなら、なにもお互い殺し合わなくたっていい。金で解決だってできるはずというヤクザの智恵です。実際、利益を巡るトラブルはたくさん起きますが、抗争にならずに終わります。マチガイの数なら、シノギのパイが大きい東京が多いかもしれません。

溝口　暴力的でない解決をする場合も確かにあります。第三者による仲介を立て、手打ちをするというケース。互いに争って損ならば、それは手を打つことだってある。ただそれは例外であって、一般的には相手から押し込まれた場合、跳ね返さないと、その組は立ち行かなくなります。

鈴木　全くその通り、報復こそすべてですよね。やられたらやり返すという暴力団の基本原理から外れた組織は、いずれ消滅に追い込まれる。せめて何回か戦わないとメンツが立たない。昔はやられたら一刻も早く報復をするべきと言われていた。組員が殺されたら、ヒットマンは葬儀に出席せず、すぐに拳銃を持って襲撃に行きました。また、昔はヤクザの息のかかった建設会社がごろごろあって、玄関先に拳銃を撃ち込まれても、翌日の朝には元通りに直っているなんてこともあった。だから新聞沙汰にならない事件もたくさんありました。

溝口　弱肉強食で、餌をお互いに争って食う、そういう世界です。この世の中で、食えずに我慢するなんていうことは生存のしかたとしてあり得ないわけで、常に食っていなければ、その組は消滅する。

だから、暴力団にとって抗争は、人的にも金銭的にも「必要経費」という考え方がある。

あるいは長期的に見れば「将来投資」という言い方もできるかもしれません。

年間五億円はかかる

鈴木　確かに損害も含め、抗争はビジネス的な観点から見ても成り立っています。例えば、ある地域のソープランドの利権を取りに行って喧嘩した場合、勝てば、その利権はすべて自分のところに入って来る。さらに、相手からも落とし前が取れる。そういう意味で、収支が合う抗争というのがあるわけです。

溝口　そうですね。損して得取れ、と。

鈴木　さらに長期的には、暴力イメージが高くなるので、あとあと、自分たちのところにいろんな利権が舞い込んでくることになります。暴力団に仕事を頼みたいときには、やっぱり、喧嘩の強いところにみんな頼みたいわけです。

溝口　それは当然そうなる。

鈴木　だって、そういう人たちは暴力で解決してほしいんですから。例えば同じ債権回収を頼むにしても、強いところに行くに決まっている。で、強い組織に行こうと思っても、食べログのように暴力団の暴力をネットで比較検討はできない。何を基準にするかといえば、繁華街にでかくて立派な事務所があって、組員もたくさんいるようなところです。

溝口　そうなるには、他団体を侵食して、大きくなるしかないわけです。だから、抗争は必要経費である、と。

鈴木　抗争にかかる金というと、一般的には銃の調達とかをイメージするのかもしれませんが、そんなのは百万とか二百万とか三百万とかだから、大した金額ではない。裁判になった場合の弁護士費用とか、逮捕された組員の面倒を見る金に比べたら、微々たるものです。

やっぱり大きいのは人件費です。例えば暴力団抗争で相手を殺し、幸い、無期懲役を免れ、三十年懲役で結審したとします。長期累犯者が収容されるLB級刑務所に収容されるわけですが、都合よく近くの刑務所とはなりません。沖縄の組員が熊本刑務所に収容されるなら最低限の交通費で済みますが、仙台刑務所や旭川刑務所なら飛行機代だって馬鹿になりません。級が上がり、毎月一回、面会ができるようになったとする。幹部や奥さんなどのアゴアシ代（旅費・交通費）だって相当です。弁護士費用もかさむし、彼らが体をかけた（命をかけた）仕事に関して報酬も払わなきゃいけない。それを考えたら、武器なんて、必要経費にも入らないくらいで。

溝口　そうでしょうね。

鈴木　一度、大きな抗争を経験した暴力団のトップに、抗争の経費がいくらかかるか聞いたことがあるんです。そうしたら、年間五億円と言っていた。妥当です。

例えば襲撃に備えて防弾車をつくるために、自分たちで海外に出かけ、ピストルを撃って車を潰したりする。日本に防弾車なんかありませんから、自分たちで仕様をつくる。それに、潜っているヒットマンに渡す経費が馬鹿にならない。ターゲットを殺すためにずうっと張り込みして、つけ狙い、一瞬のチャンスを待つのですから、シノギなんてしていられません。そのための住居だとか、車だとか、食事だとか、さまざまな費用がかかる。ヒットマン一人につき、月に二十万円かかったとする。十人いたら二百万円です。実際はもっと人数がいるはずです。そして何年続くかわかりません。

溝口　今は抗争が長期化しやすいし。

服役した者に寂しい思いをさせない

鈴木　しかもその間、抗争に関わった人間はほかのシノギができなくなりますから、上がその分の金を賄《まかな》う場合もある。本気で警戒・防御されるとなかなか殺害できません。自宅に籠もられてしまったらどうにもならない。しかも抗争になれば、警察からも目をつけられます。場合によっては身動きできません。金筋博徒（本格的な博徒）は博奕にシノギを依存していた。喧嘩になると警察が事務所や立ち回り先に張り付くので、賭博場をストップするしかなかった。こうなると博徒は弱かった。

人一人殺すために、例えば、二年張るかもしれない、三年張るかもしれない。そのために、十人のヒットマンを潜らせるのと、一人しか潜らせられないのと、どっちが強いかっていったら、やっぱり、十人潜らせたほうが強い。それだけでも経費は十倍違います。とにかく抗争は金がないとできません。

溝口　特に今、暴力団に対する刑罰っていうのは重くなっているんですね。組事務所に銃弾を撃ち込むカチコミだけでも懲役十年以上というのが平均でしょうし、殺害に至っては一人殺しただけでも三十年とか無期とか、ごくまれに死刑があるかもしれないということで、その組員が存命中に出所できる公算はほとんどない。そのために、組としては服役した者へのケアが重要になる。ヒットマンに立つ人は、刑務所への差し入れであるとか、あるいは、場合によっては、有名芸能人を組の力で刑務所に招いて慰問ライブをしてもらう。芸能人が来るのは自分のおかげだよということを刑務所じゅうに知らしめることによって、自分は組の庇護を受け続けているという気位を保つことができる。

組が貧乏していたり冷たかったりして、それがないとなると、非常に寂しい思いをすることになる。服役した者に対しては、なるべく寂しい思いをさせないというのが組の原則ですよね。五代目山口組組長の渡辺芳則が山健組組長だったころ、山健組の傘下組織である健竜会組員が服役した場合、月々山健組から二十万円、健竜会から三十万円、計五十万円が渡され、さらに渡辺自身からも家族に生活費を送り、盆と正月には百万〜二百万円を別途送っていたと言っていた。「三年かそこらしたら三千万円か四千万円は集まってしまう」と、面倒見の良さを誇っていました。

鈴木　抗争における報酬、賞揚《しょうよう》禁止というのは警察の手前、表向き守られていますが、実際には当然ある。家を買ってあげたり、車を買ってあげたり、現金をあげたり。一概には言えませんが、最低でも億は要る。実際には今その口約束を履行してくれる組織はほとんどないです。刑が確定して刑務所に入った途端、掌《てのひら》を返される。ヤクザの組員たちは、そうした不履行を目の当たりにしているので組織や親分を信じません。だから、ヒットマンのなり手がいなくなるんです。

高齢者ヒットマンが急増中

溝口　先ほども言った通り今は刑が重くなって、刑務所の中で死ぬ、獄死するということがごく普通になってきました。しかもヒットマンに立つ人たちが少ないために、高齢の組員が、自分の息子とか嫁さんとか、さらには孫にいい思いをさせたくて、ヒットマンをあえて買って出る。そういう悲痛な思いで行く人が増えている。だから、今、ヒットマンは年寄りばかりじゃないですか。

鈴木　本当に六十代や七十代が増えましたよね。現在の山口組分裂抗争（一五年八月に六代目山口組から神戸山口組が離脱したことによる分裂抗争）で、神戸山口組の中核団体である山健組組員二人を殺害したのは、弘道会（六代目山口組の中核団体）の六十八歳組員でした。すでに獄死しています。

溝口　かつては若い組員が出世のためにヒットマンを買って出る、ということがありました。例えば、三代目山口組組長だった田岡一雄は戦前に人を殺していますが、懲役に行ってもたった七年ぐらいで出所できた。そういう時代ならば、出世の材料になりますが、今はそうじゃないからね。

鈴木　組織のため、親分のためとは言っても、結局は自分のためなんです。自己陶酔ができるかどうかです。親分は若い衆を酔わせなければいけない。忠誠心を強要しても裏切られます。いくら金額的にケアされても、これだけの長期刑となれば収支なんて合いませんよ。無期懲役なら、一度しかない人生を棒に振るんです。本来、金でどうにかなる話ではない。最終的には、ヒットマンに精神的充足を与えられるかどうかにかかっている。

溝口　ヤクザにとって組への貢献というのは、懲役に行くか、お金を運ぶ、その二つしかない以上、金儲けに不器用な者は、自分の体をかけて、懲役に走ることによって、ようやくヤクザとしての自分の存在価値を証明することができる。

鈴木　繰り返しになりますが、今はもう、懲役に行ったら、人生を棒に振ることになる。だから老い先の短い高齢のヤクザが、金のため、最後のご奉公を買って出る。でも、そういうヒットマンは体力がありません。

溝口　それは、年寄りが行くのと若いのが行くのではね。

鈴木　若いほうが身体能力も高いし、精神的な粘りも利く。弘道会の組員が岡山で池田組若頭（神戸山口組幹部）を殺害しましたが、捕まったのが三十二歳の若い組員でした。ああいうのを見ると、あっ、弘道会は、こんな若く将来ある若い衆をヒットマンに使えるんだ、と評価されます。

溝口　それだけの人的資源、経済的資源もあるし、求心力もあると。

鈴木　そうですね。人材がいてお金もあって、何より精神的に充足させられるんだということ。ただ、ヤクザの殺しはスキルではなく、性根です。根性の勝負です。最終的には腹が据わったヤツが怖い。軍隊のように、老兵に勝ち目がないわけではありません。

刑務所は「ヤクザの大学」

溝口　昔ならい若いころにそういう組のために重要な働きをする仕事をし、そして、刑務所の中で過ごす。出所すればある程度ヤクザとしての格は上がりますが、なかでも出世する人は刑務所内でよく本を読んで勉強している印象があります。

鈴木　刑務所を「大学」と呼びますもんね。

溝口　法律や経済の専門書を呼んで、シノギで法の網の目をかいくぐるスキルアップにつなげたりする。ほかにも刑務所内での努力はあって、例えば六代目山口組組長の司忍は収監されている間、刑務所内で筋肉ムキムキマンになる筋トレに精を出しましたけど、曲がりなりにも七十八歳にして彼は立派な体と健康を維持していられるわけです。

ちなみに司は若いころ、出身母体の弘道会が名古屋を統一するための戦いで、大日本平和会系の組と抗争した際、十二年ぐらい懲役に行っています。山一抗争（八一年、山口組四代目を竹中正久が継いだことに反発した山広組組長・山本広が一和会を結成。終結までに二十五人の死者を出した抗争）のときには、一和会の中核団体である山広組系の組の若頭をさらって、脱会届を書かせるなど、かなりの働きをしていました。彼にもそれなりの暴力的な功績があったのでしょう。

鈴木　しかし、あまりに長く収監され過ぎてしまうと、それはそれでヤクザとしてのチャンスを逃すことになります。

溝口　そういうことですね。抗争において組長クラスは、功績を得る仕事をした上で、自分は捕まらないということが大切。

鈴木　兵隊には兵隊の、部隊長には部隊長の役目がある。

溝口　今は指示したことがわかったら実行犯でなくても組長が殺人教唆《きょうさ》で捕まることになり、懲役二十年は行くでしょう。そうすると、その間が空白になって、組運営に加わるなんていうことは到底できなくなる。だから、捕まらないようにしなければならない。

鈴木　実際は、暴力団において親分が関知しない殺人などあり得ません。裁判になったときのことを考え、直接的な表現を避けるなど、教唆にならないテクニックを駆使しても、リスクを覚悟し、はっきり意思表示をしないと組員は動けません。昔のように親分は子分を庇《かば》ってくれません。顔色を見て、心情を察して殺したなんて言ったら、勝手なことをしやがってと処分されかねない。親分が教唆してない殺しなんてない。にもかかわらず、捕まらないということは、子分が絶対に口を割らないからです。つまり、親分がそれだけ心酔されていて、組織も統率されている。

その前提として、ヤクザ組織が維持できるのは、人柱《ひとばしら》になってくれた組員のおかげである。彼らあっての我々だ、実行犯の犠牲のおかげだ、いつも感謝しよう、みんなで称えましょうという気風はヤクザの基本です。雑誌のインタビューでも、抗争での物故者や実行犯を必ず称賛します。

現役の組員より懲役に行った組員

溝口　六代目山口組の二次団体、司興業組長の森健司から、若頭の高山清司の言葉を聞いたことがあります。「懲役に行ってくれる者がいるから、わしらはうまい飯を食えるんだ」というのが高山の口癖なんだと。場合によっては、現役の組員よりも懲役に行った組員を大事にする。そういう伝統があるから、弘道会は抗争に強いんだと、森健司は言っていました。

鈴木　そうでなければ、ヤクザは喧嘩できません。喧嘩できない組織は成長できない。ヤクザには実績が要ります。暴力を行使し、見せつけなければなりません。抗争はヤクザのステージなんです。

溝口　九八年に五代目山口組若頭の宅見勝が同じ山口組の中野会組員に殺された事件では、その後、天野組（当時、山口組二次団体）の若い組員が沖縄で中野会副会長の弘田憲二をバイクで追いかけて射殺しました。弘田は、宅見襲撃事件の首謀者と目されていました。天野組組員は五発撃ちこんで、その場で即死させて服役しましたが、逮捕者は実行犯ただ一人。彼は一切、共犯を吐くことはなかった。

のちに天野組の首脳に聞きましたが、一年以上張り込みをして、ずうっと愛人の電話を盗聴させていたんだと。そこから、弘田が沖縄に行くという情報をつかんで、犯行に及んだ。実はもう一人、弘田をバイクで追いかけた人間がいるんだけど、これについては実行犯が一切自供しなかったから捕まってないんです。

鈴木　そういえば、中野会の中野太郎元会長が一月十日に亡くなりましたね。宅見襲撃事件により引退し、〇三年に脳梗塞を患ってからはリハビリ生活だったそうですが。

溝口　中野太郎といえば、京都の八幡市で会津小鉄（京都の指定暴力団）のヒットマン六人に散髪屋にいるときに囲まれましたが、ボディガード一人が対応して、会津小鉄の二人をその場で射殺しました。その上で、会津小鉄は宅見勝に、三億か四億とも言われる金を持って、頭を下げに行ったたと、そういうケースもある。

鈴木　これに関しては複雑な事情があり、このときの中野―宅見の関係のもつれが後の襲撃事件につながっていくわけですが、その行きつけの床屋は、防弾ガラスになっていました。散髪中は無防備になるので、昔から襲撃されやすい。このころはまだボディガードが拳銃を携帯していて、中野会の幹部が応戦し、ヒットマン二人を殺害しました。

第四章

ヤクザの「命の値段」はいくらなのか

手打ちは正しさより強さで決まる

溝口　それでは、抗争はどのように収束するのか。突発的な喧嘩から抗争になるケースなんかだと、なかなか大事にはなりにくい。

鈴木　意図的に因縁を吹っかけ、突発的な喧嘩を抗争に利用する場合はありますけどね。戦後、あちこちで抗争があったころ、盛り場でぶつかったことで殺し合いになったというようなことは今はあまりない。昭和の時代の抗争と今の抗争は違います。今は事務所での待機命令が出てもすぐ話し合いとなり、トラブルはお金で解決しましょうとなる。なぜなら、社会がうるさくて、警察に睨まれていいことはないから。もともと利益で揉めた抗争は仲裁しやすいんです。最後まで殺し合わずに、必ず仲裁が入ります。

溝口　そうですね。仲裁者として第三者の暴力団が間に入って、解決はしやすい。九二年に山口組系の組員が東京・新宿の京王プラザホテル前の路上で、住吉会系の組員に射殺される事件がありました。山口組側はすかさず住吉会系の組事務所を銃撃、抗争が激化するかと見られましたが、数日後に住吉会の西口茂会長らが神戸の山口組本部を訪ね、当時若頭だった宅見勝と会い、弔意金三千万円を払うことで和解となりました。まだぎりぎりバブルだったこともあるが、当時は妥当な金額と言われた。

鈴木　一人殺したとして、五百万円で片がつくときもあれば、五千万円払う場合もあります。

もちろん、どういった事情で事件になったのかは斟酌《しんしゃく》される。しかし、十対〇でこちらが悪いケースを五分五分、場合によっては相手に非をなすり付け、解決してこそ暴力団です。だからマチガイはどっちが悪いかによって決まるのではなく、極論を言えば、どっちが強いかによって決まる。双方に言い分があったとして、仮に弱小な組と武闘派組織が揉めたら、強い側が有利です。今までその組織が培《つちか》ってきた暴力の蓄積がそこで生きるわけで、その意味では暴力が交渉の一番の手段なんです。裁判所が仲裁するわけではないから、法律的な意味での正しさなんて関係がない。

溝口　〇七年に山口組が、あれは西麻布だったかな、住吉会系小林会の幹部を殺した事件がありましたね。二人組がバイクで乗りつけて。

鈴木　ありましたね、車に乗ろうとしているところを銃撃し、マスコミも沸きました。

溝口　あれは、山口組が仕掛けた瞬間的な抗争でした。実行犯も明かさないまま二、三千万円で手打ちにした。その金額で済めば山口組の優位な手打ちだったということになる。

鈴木　六本木界隈は、戦前から大部分が国粋会のシマ（縄張り）でした。戦後になって住吉会が台頭し、勢力を伸ばしたのですが、当時はそう大きな繁華街でもなかったし、あくまで表向きは国粋会から借りているということになっていた。ところが地主の国粋会が山口組の傘下に入ったことから、山口組は、六本木で勢いを持っていた住吉会系小林会の幹部を撃ったわけです。そこで、「ここは当方の縄張りです」という理屈を持ち出して、手打ちした、ということですね。

溝口　確かに本来、シマを貸している山口組の国粋会のほうが立場が上とは言えますが、しかしながら、暴力に訴えてでも、仮住まいをしている住吉会にものを言わせなくちゃならんと、山口組が仕掛け、手の打ち方も早かった。

鈴木　山口組は最初から暴力を行使しようと決めていた。その上で話し合いに持ち込もうというわけで、山口組はやっぱり喧嘩慣れしている。喧嘩で領土を奪い、全国に勢力を広げた組だから、抗争の押し引きがうまい。ノウハウも蓄積しているのだと思います。事実、山口組が全国一の大組織になったのは、全国でもっともたくさんの抗争をしてきたからです。

ヤクザの命には値段がついている

溝口　もう一つ抗争には、「血のバランスシート」という考え方があります。

鈴木　これも溝口さんが考えた言葉ですよね？　ヤクザの命は等価ではない。会社で言うと、部長クラスが殺されたら、平社員だと五人くらい殺さないとバランスが取れないということ。ヤクザのネームバリューや地位によって命の価値に重い軽いをつけている。一人殺されたから一人殺す、ということではない。

溝口　そう、そう。これは矢嶋長次（六代目山口組直参組長）から直接聞いた話だけども、彼の言葉として、「ヤクザの命には値段がついてます」と。幹部は高くて、下っ端は安い。だから、いくら下っ端を殺したって、抗争の場合、それは成績にならんのだと言っていました。

下っ端を殺すのは、カチコミといって、建物めがけて発砲する、あれよりは十分いいけど、その程度だと。そういうふうに、ヤクザは命の値段が位によって違う。

鈴木　命の値段のほかに、殺す難易度でも評価が変わる。親分を狙うのは、やっぱりガードがしっかりしているから難しいわけです。チンピラは、ガードが甘いから、殺すのも簡単。その難易度の違いがポイントの差にもなる。

しかも、昔は抗争のときでも、表に飲みに行くのがヤクザの気概というような美意識がありました。今は暴力団が大手を振って飲みには行けない。盛り場で肩で風を切って歩いているヤクザを見かけなくなってしまった。ガードも固いし、家から出ないし、殺すチャンスがないから抗争が長引くことになる。

溝口　山一抗争で殺された四代目山口組組長の竹中正久なんかは典型的にガードをつけるのを嫌がる人間だったが、あれは彼の個人的な美意識だけの問題です。本来、トップになれば、現在の六代目山口組若頭の髙山のように、新幹線で移動するときにも何人も動員するとか、ホームに降り立つときには、出入り口の両側に地元の組員を張らせるとか、車で移動するなら前後に警護車を並走させるとか、それくらいの慎重さが必要とされる。竹中の美意識は、男らしいとは言えるが立場上は無責任とも言える。

鈴木　現にそれで殺されてしまいましたからね。

溝口　そう。

暴力団は強い者ほど殺される

鈴木　暴力団は強い者ほど殺される、と言われています。強いからビビらないし、油断するから隙が生じる。映画『仁義なき戦い』のモデルになった広島の美能幸三の件で、亡くなった脚本家の笠原和夫さんに聞いたことがあるんですが、美能幸三は本当に女々しいヤクザだと評していた。だから、あいつは生き残ってたんだというわけです。

溝口　なるほど。確かに美能は優柔不断です。

鈴木　溝口さんは美能が嫌いでしたよね（笑）。実際、反対に男らしくて、さっぱりしてて、ビビらない人はすぐ撃たれて死にます。昔は本当によく殺したし、殺された。広島では四年に一度、親分クラスが殺されるから「オリンピック」と呼ばれていました。

溝口　昔と今では、抗争についてのハードルが各段に違ってきています。以前は殺した側も自ら出頭するのが当たり前だった。出頭によって、初めて犯人の所属する組名が確定する。そのことをもって、自分が課された攻撃の完了とする考え方があるわけです。ただ単に殺しただけでは駄目だ。組名を明らかにして、うちの犯行であることを世に知らしめることによって任務完了とする。今でも六代目山口組の中核団体である弘道会なんかはそれ式の考え方が強いから、弘道会系の犯行というのはたいてい犯人が自首しています。

身代わり出頭という功績

鈴木　暴力団社会では名乗らなくても誰の犯行かだいたいわかるんだけど、一般社会にまで知らしめることに意味がある。本来は出頭によってヒットマンとしての名誉が確定されました。さらに言えば本来、ヤクザは長期刑を務めて、「おれたちは非道なことはするけど、やったらちゃんと出頭するし、長期刑に服役して、それによって犯行を清算するんだから悪くないよね」という考え方があった。自分が懲役に行けない場合は身代わりを出すし。昔は身代わりもいっぱいありましたよね？

溝口　それで有名なのは、五代目山口組組長の渡辺芳則が出世するきっかけとなった一件で、三代目山口組若頭だった山健（山本健一、初代山健組組長）の拳銃所持に関して、渡辺が、い「わしの拳銃です」と名乗り出て、服役した。拳銃所持だから、大した長さの刑じゃないけれども、そのことによって、山健の奥さんの山本秀子によれば、「この子はお父さんの代わりに身代わり出頭してくれた」と。「私の権力を乱用してでも、この子を二代目山健組組長の座に据える」ということを秀子は言ったわけです、僕の前でも。だから、身代わり出頭というのは、大っぴらには言えないけれども、大きな功績になる。

鈴木 罪をかぶるのも自己犠牲のひとつです。それと、ほかにも共犯がいるのに、自分ひとりで全部やったことにして、罪をかぶるパターンもあります。他のヒットマンとか運転手とか、共犯は絶対いるんだけど、それは絶対言わない。これもすごく男を上げる。

溝口 ところが今は、基本的に刑務所に行きたくない組員の気持ちを汲《く》んで、犯行後、自首しないケースが増えている。

鈴木 今でも有期刑なら出頭するんでしょうが、抗争事件の場合、一人殺しただけでも無期懲役になるから逃げるんです。

溝口 しかし、逃げるにも金がかかる。

鈴木 そうですね。かつ逃げる組員は、いつ爆発するかわからない爆弾です。殺人に時効がないから、十年後だろうと、二十年後だろうと、その組員が不満を持って、「いや、親分からやれって言われました」と言い出したら、トップまで逮捕されることになる。組織内の爆弾をいかに爆発させないかに組としては気を配ります。もちろん、世間には言えなくても、組織の中ではわかっているから、きちんと論功行賞されるでしょう。以前は警察のメンツを立て、身代わりであっても必ず出頭しましたが、今は警察との持ちつ持たれつがなくなった。未解決事件が目立ちます。

溝口　今はかなり増えているんじゃないですか。

身内が揉めたほうが憎しみも強い

鈴木　抗争がこじれるケースは跡目をめぐる分裂抗争です。

溝口　シノギをめぐる抗争は手打ちしやすいけど、分裂抗争は長引きますからね。抗争がしづらくなっている事情があるにせよ、今の山口組分裂抗争もすでに五年以上が経過している。

鈴木　会社員だって、独立してやるっていうと揉めますもんね。お金で話がつかないし感情のもつれだから、なかなか落としどころが見つかりません。内政干渉になるから他団体も介入しにくい。

分裂抗争の場合、非常に和解がしづらいのは他にも理由があります。今で言えば、仮に六代目山口組が神戸山口組と和解したら、出て行った側の存在を認めることになるから、和解できません。相手を完全に潰すしかない。和解した時点で、分裂して出た側の思うつぼです。

溝口　分裂抗争が激しくなる理由というのは、どっちかが勝たなくちゃならないからです。勝たないと片がつかない。負けを認めれば、自分の組の消滅ということになるから、生死の存亡をかける、そういう性格を必然的に持つわけです。近年で言えば、九州誠道会が道仁会から分裂した内部抗争も非常に長期化し、また激しかった（巻き添えの市民を含め死者十四人）。今の山口組分裂抗争でも、これだけ警察が取り締まりを強化し、法的にぐるぐる巻きにしているにもかかわらず、抗争が終わらないというのはそうした事情がある。

鈴木　身内が揉めたほうが憎しみも強くなりますからね。ただし、山一抗争で一和会が解散したように本当にどちらかが消えて終わるのはなかなか難しく、最終的にはお互い自滅、お互い共倒れになりかねず、ギリギリの妥協点を見つける場合も多い。九州のときは、九州誠道会が解散届けを警察署に提出し、同日、同じ警察署に道仁会が抗争終結宣言を持って行きました。その後、浪川会と組織の名前を変えただけで実質そのまま継続しましたが、解散したという建前を落としどころにして、とりあえず拳を下ろすことができた。かなり強引だけど、こうすれば論理的な筋は通る。ヤクザには大義名分が必要なんです。

溝口　しかし、本来的には潰すところまでいかないと抗争の利益を得られない。実際にかつて山口組は山一抗争で一和会を解散に追い込んだことで、暴力団としての認知度を格段に上げ、全国一の地位をゆるぎないものにしました。

鈴木　一和会を潰してその利権を得ただけでなく、あれだけの暴力パフォーマンスを世間に公表したことで、それに惹かれたいろんな金主が寄ってきて、儲け話も転がり込んできました。

溝口　宣伝効果が働いて、分裂前の勢力をとっくに超えるものになる。

鈴木　まさに喧嘩をすれば金が湧く、ですね。

溝口　山口組は、十年おきにでかい抗争をくり返すことによって、日本のヤクザの代表になった。抗争は、イメージ戦略になるわけです。それはヤクザばかりか、一般人をも左右して、一般人もこれによって踊っていく。スポンサーなどもこれに乗りますから、喧嘩をすれば金が湧くという状態に結びつく。

鈴木　そういう意味ではヤクザは人気商売です。

大組織のメリットがなくなった

溝口　しかしながら、これが今、変わろうとしています。要するに、広域暴力団というのは、もう、存在しなくていい時代に入ってきている。

暴力団は何もそんなにでかくなくていいんだと。広域暴力団の傘下に入ったところで、じゃあ、他の組が自分のところの喧嘩に応援団を出してくれるかと言えば、出してくれないんですよ、実際には。その地域の暴力団は地域同士の争いにはその組が片付けるしかなくなっている。山口組の看板はイメージとして有効であるだけで、実働部隊としてはほとんど期待できない。

鈴木　実態としてそうなりつつあります。

溝口　今の山口組分裂抗争で、六代目山口組は確かに優勢であると。このことによってスポンサーもつき、組員も増えという状況が、現に進行中ですが、しかしながら、じゃあ分裂前よりも儲かるかといえば、法の縛りのほうがきつい。暴力団を利用することはその企業の生死さえ決めかねない、そういう時代になっていて、特に山口組なんかは有名であるからこそ、なおさら敬遠される。そういう意味で、付き合うにしても山口組ほど有名でなくともいい、全国区の暴力団じゃなくてもいいという傾向が、僕は今、生まれている時期だと思うんです。

鈴木　大組織の下にいれば安泰とはならない。

今回の抗争は弘道会と、ごくわずかの直参だけが暴力イメージを増大させた。けど、俯《ふ》瞰《かん》して見れば、山口組は、今まで積み上げてきた暴力イメージという資産を食いつぶしています。殺し殺され、死体の上に暴力イメージを作り上げてきたのに、山口組はここぞという場面で、ごくわずかの事件しか起こせなかった。事務所に拳銃を撃ち込んだり、車を突っ込むような事件は、いくらやっても無意味です。社会的に許されないことであっても、やはりヤクザは殺して何ぼなんです。分裂抗争になっても、これだけの事件しか起こせなかったのだから、他団体と揉めたときだけ派手なドンパチができるはずがない。組員それぞれの暴力性が低下したのではありません。構造的な問題です。大組織は利害が一致せず、バラバラなんです。

溝口　それはそうでしょう。

鈴木　山口組はこれまで大組織のメリットを存分に享受していました。全国のヤクザの半分が山口組、圧倒的な大きさです。どこで揉め事があっても、山口組は大量の組員を動員してデモンストレーションしました。仲間や友好団体の組員が殺されると、大型バスを連ねて葬儀会場にやってくる。これだけでもかなり威圧になります。ところが今は、マチガイが起き、抗争になってもあとあとトップが引っ張られ兼ねないので、当事者団体が自己責任で対応せねばならない。以前なら、山口組と一戦構えるなら、万の大軍とぶつかる覚悟が必要だったけど、今はよってたかってなぶり殺しはできない。大組織が怖くないんです。

溝口　大組織のメリットがない。

暴力イメージが傷ついた

鈴木　山口組はでかすぎるから、組織内で利害が一致しません。みんな当事者意識がなくて喧嘩しない、という見方をされている。いくら威勢よくても、口だけなら何でも言えます。行動で示さねばなりません。

喧嘩の強さを数値化することはできなくても、どれだけの期間にどれだけの事件を起こしたかははっきりとしたファクトとしてある。山口組はまるでおとなしかった。「喧嘩ができないならヤクザじゃない」と言い続けてきたのに、マスコミを呼びつけ、「メンツを潰されたら、報復しないと飯が食えないなんて書くな」と恫喝しました。傷ついた暴力イメージをさらなる暴力で上書きし、補修しようとしたのは弘道会の他、数団体だけです。

溝口　それを言ったら神戸山口組のほうが傷ついているけども。

鈴木　そうですね。でも他団体から見たら、山口組の内紛ですから。山口組の他団体のほとんどは、洞ヶ峠《ほらがとうげ》を決め込んで実際の戦闘をしなかった。今はそんな時期じゃないですが、いずれすっとぼけて動かなかった組織は必ず詰められます。

溝口　抗争の本質はそれぞれの中核団体である弘道会と山健組の喧嘩だったはずが、山健組がさらに分裂し、今や、弘道会と神戸山口組組長の井上邦雄個人との戦いということになってしまっている。神戸山口組の中心だった織田絆誠《よしのり》が任侠山口組（現・絆会）を作って出ていき、さらに傘下の山健組まで分裂してしまった。すべてはトップとしての井上の器量のなさ。井上には人たらしの才能があるんだけども、その人たらしは長もちしない、人間の正味《しょうみ》のところが透けて見えてしまう。長期的に自分と共に歩んでいこうという、そういう組員は育たなかった。織田が飛び出したのがその象徴です。

鈴木　暴力団はやはり、トップの腹で組織のカラーが決まってしまう。石橋を叩いて渡らないでいたら、勝利はありません。最悪、自分が逮捕されたって構わないと腹をくくって、リスクを覚悟で勝負しなければならない。

溝口　実の親がいるにもかかわらず、この男を選んで、それを親と定める。これはまともに考えれば、並大抵なことではないんです。ところが、今の盃というのは、自分が所属する組の組長が、もっと上の山口組の三次団体の組長の盃を受けることによって、自分は四次団体の組の組員になると、そういうケースが圧倒的に多い。直接、六代目山口組組長の司忍を知っていて、この男は男の中の男だって、惚れ抜いてというケースはまずない。そうすると、盃の関係は重いんだとか、親分から黒いものを白いと言われても、従うのがヤクザだとか、そういう基盤が、もう崩れているんです。

だから、この時点で、離脱したヤクザは絶対やってはならない「逆盃《ぎゃくさかずき》」（親分と縁を切る行為）をやったんだから、間違っていると、そういう言い方は成立しないんです。暴力団の基盤である盃というものが変質しているわけですから。

鈴木　そうして逆盃、つまり離脱を許容するようになったら、もう暴力団が組織として維持できなくなってしまいます。ヤクザを壊したのは、他でもないヤクザ自身です。

第五章

人はどうやってヤクザになるのか

なりたくてなった人はいない

溝口　そもそも人はどうやってヤクザになるのか。ちょっと前までは、少年院とか、そういうところでヤクザと知り合いになって誘われて、卒業したら組を訪ねて来いよというようなことで組員になるケースが多かった。あるいは、暴走族に入っていて、暴走族の仲間から、あるいは先輩から誘われて組員になるパターンもありました。その場合は組事務所に日常的に出入りするようになり、それから組員になっていくというケースが多い。

鈴木　ヤクザ専門誌にいたときに、「ヤクザになった理由は何ですか？」とアンケートを取ったことがあります。さぞや劇的なドラマがあるかと思って聞いてみると、何もない。みんななし崩し的に、惰性で入るわけです。

確固たる信念を持って、ヤクザになりたくてなった人なんかいなかった。やっぱり身近にヤクザがいて、もう刺青も入れちゃって後戻りできなくて、仕方なくヤクザになった人のほうが圧倒的に多かったです。

溝口　なぜ暴力団に入ったかという調査報告によると、「格好のよさに憧れて」が半数近くて、次いで「享楽的な生活ができるから」、「特に目的はない」、「自分のような者でも認めてくれるから」、「当面の生活の維持のため」と続き、ようやく「義理・人情の世界に憧れて」が来る。任侠道などは幻想なんです。

だからほとんどのヤクザは、自分が住んでいた地域の地場の暴力団に入ることになる。

鈴木　小中学校の学区みたいなもので、自分のところの縄張りを治めている組に行くのが基本ですよね、地縁で行くわけだから。

溝口　例外的なのが五代目山口組組長の渡辺芳則で、彼は浅草のテキ屋でぶらぶらしていたころ山健組の若い衆に誘われて、山健（山本健一組長）の盃を受けたいとわざわざ神戸に行き、めでたく山健組に草鞋《わらじ》を脱ぐ。そういうケースもあるけれども、それは例外です。

鈴木　地元がそんなに栄えていなければ、都会に出てきて都会の盛り場でヤクザと知り合ってなるというケースもあります。だから、PTAが言うところの、「盛り場に不良少年たちを行かせない」という注意喚起は正しいんです（笑）。やっぱり、そこで縁ができるから。

溝口　昔は、大体十代のうちに組に入らないといけなくて、ヤクザになるには二十五歳までと言われていました。二十五過ぎて組に入るやつはどうにもならんと。

鈴木　昔の部屋住みは、ほんと十代だったですもんね。

溝口　今は、そんなことはなくて、四十とか五十とか、もうほかの世界でどうにもならない、あるいは、友人、知人関係を食い潰してしまって、しょうがなくヤクザの事務所の片隅にでも置かしてもらうかというやつもいるわけです。だから、昔と今ではちょっと様子が変わってきている。

暴走族出身は成功しない

鈴木　溝口さんが言う二十五までというのは、かつては若いうちに長期刑に一回行く、という前提がありました。早めに刑務所に行って、長期刑を終えて出てきたほうが出世の街道をのぼりやすいと言われていた。それにヤクザは地域の一員だったから、昔は高校を中退して、教師が地元のヤクザに連れていって、「ヤクザの世界だったら芽が出ると思うから使ってやってくれ」と預けるケースもあった。『仁義なき戦い』にもそんなシーンがあります。

けれど今は、児童福祉法で、未成年が事務所に立ち入ると組側が逮捕されてしまう。昔のように高校のときから事務所に出入りしていてなし崩しに、というのは難しくなりました。

溝口　暴力団も若い人間をスカウトするのに苦しんでいます。暴走族も減ったし。

鈴木　もちろん暴走族からヤクザ入りし、指定暴力団のトップになったり、山口組の直参になったりしてる人もいるんですが、意外なことに、暴走族の世界でどれだけ有名でも、上まで行けるとは限らない。これは世代もあって、暴走族全盛期と今は全く違うのだけど、二十人ぐらいの暴走族の総長のその後を調べたところ、ヤクザになった人があまりいないし、ヤクザになってからも、あまり出世はしていなかった。

溝口　そうでしょうね。

鈴木　そこはプロとアマチュアの大きな違いがあるんです。不良とヤクザでは求められる素質が違う。地域の不良社会でトップを張っていた人間でも、ヤクザ社会に入れば、一番下の子分から始めなければならない。それで、やってられないとなってしまう。

溝口　碑文谷一家（稲川会系二次団体）総長の熊谷正敏さんは子供のころ、いじめられっ子だったと言っていて、少し毛色が違う。

組長は父、若頭は長男

鈴木　いずれにしても、暴力団と全く縁がないところから組員になるというケースはほとんどない。子供時代、周囲にヤクザが存在しないと、ヤクザになろうという選択はほぼしません。

溝口　事務所に出入りするようになって、いわゆる部屋住みになって、ある程度したら親分が見込んで、「じゃあ、盃をやる」ということで、正式な組員となります。盃を下ろすのに、三年間は身近に置いて人物をしっかり見てからという組もあれば、適当な組もあり、期間はまちまちです。

部屋住みで盃を受けていない人間でも、警察が暴力団の構成員とみなすことはあるんだけども、構成員というのはあくまで警察の用語で、組の認識としては、親分の盃がなければ正式な組員とはみなされない。もっとも、今は盃自体を交わさない組もあるからややこしいんですが。

鈴木　ここで言う盃は、親子盃のことです。上から下に盃を下ろすと表現します。親分が口を付けた酒を飲み干し、その盃を懐にしまいます。だから現物として、素焼きの盃をもらうのは子分だけです。

溝口　親子盃の場では有名な口上があります。「生みの親のあるのに、改めて今日から○○さんの子分となるからには、親の言うことは白いものを黒いと言われても『はい』と言わなければならないが、それを覚悟してこの盃を受けなさい」と。なぜ親子と言うのか。親分であり、子分であるからです。ヤクザの基本は、組を一つの家族にたとえている。親分が父親であり、一番の長男を若頭と言うわけです。その若頭を筆頭として、子分を若い衆と呼ぶ。

一方で、親分には子分と別に兄弟というのも存在します。親分が子分ではなく弟分だと思っている人、それを舎弟と呼ぶ。だから、子分と兄弟分、二通りあるわけです。

鈴木　自分の父親がいるにもかかわらず、新しい親分を自分の親とする。親だから親父と呼びます。さらにその親分の弟分になった舎弟は、子分からすると自分の叔父となるので、おじきと呼ぶ。これが基本ルールです。同じ親分を持つ子分たちは周りは兄弟なのですが、それはことさら強調されません。あくまでこの疑似血縁関係は、親分を中心に世界を作っている。

舎弟というのは組長が若いときから一緒にやってきた昔からの仲間です。では、組長の弟分である舎弟と、子分の筆頭である若頭はどちらが偉いのか。位の原則から言えば、一応は舎弟のほうが上にはなるのですが……。

溝口　実際には舎弟と若頭を比べれば、若頭のほうが圧倒的に上です。特に最近はそうなっている。

鈴木　現実としては、そうですね。

舎弟と若頭が争うケース

溝口　若頭や若衆には現役のイメージがありますが、舎弟はひと世代前のイメージとなる。山口組なんかはそれが顕著で、舎弟というのは中二階に上がった人、というイメージで、何かあると相談事に乗ってくれたり、軍資金が必要なときは余分に出してくれたりするが、組の中での実権はない。

鈴木　舎弟は世代が親分と同じ世代ですから、基本的には次世代の出世レースには参加しない建前です。組は一家なので、基本的には跡を継ぐのは子供。その長男が若頭、ということだから、組長が跡を譲るのは、舎弟よりも若頭が妥当ということになる。日本の家長制度の伝統の通りで、オーナー企業だってそうでしょう。社長の弟よりは長男が継ぐほうが正統的であると。

溝口　もちろんそれが原則だけれども、組によっては、舎弟が若頭と次の座を争うというケースもままあります。

鈴木　こじれるパターンですね。

溝口　それは割と頻繁にある。そういう揉め事を防ぐために、舎弟を直参として独立させる場合もある。たとえば山口組五代目組長の渡辺芳則は山健組を井上邦雄（現・神戸山口組組長）に継がせるために、その上の世代の大同会・森尾卯太男、極心連合会・橋本弘文を山健組と並ぶ山口組の直参とした。こうすれば出された側の彼らとしても直参に抜擢されたわけだから文句は出ない。独立してしまえば、山健組のことなんか彼らも忘れてしまいますし。事実、大同会も極心連合会も、山健組が山口組を割って神戸山口組を作った際、それには参加しませんでした。

鈴木　建前からすれば家族だし自分の出身母体だから、表に出ても元の山健組に愛着はあるんでしょうけど、もう一家という概念が形骸化していて、お互いに組織の中で出世レースを争って、いがみ合いもするし、団結することもないということになってきています。

山口組直参はヤクザの最高位

溝口　山口組本家には、普通の組と同じように、若い衆がいて、舎弟がいます。この本家に名前を連ねる子分や舎弟が直参です。そして、現代のヤクザの世界で、山口組の直参になるというのは、最高位を意味します。ヤクザにとっては憧れの存在。それだけ直参は輝いているんだけども、これからさらに若頭補佐の一人にでも取り立てられれば、これは金《きん》鵄勲章《しくんしょう》ものです。

鈴木　つまり、日本最大の暴力団である山口組本家の組長の直の子分であり、舎弟ということ。メガバンクの支店長みたいな一国一城の主という位置づけになる。ただし、他団体の同じ立場が劣るという意味ではない。ヤクザの強さや経済規模は、組織の大きさには比例しません。

溝口　ここでいう山口組本家を一次団体と言います。その下に、本家の子分である直参組長が率いる組が二次団体、二次団体の下になるのが三次団体、と続いていきます。山口組ともなれば、五次団体なんかもザラで、そういうところのことを、上部組織は「枝」と呼んでいます。そこの若い衆なんかは「枝の子」という扱いになる。

鈴木　直参というのは、いわば山口組が始めたようなシステムで、徐々に他団体もそう呼ぶようになりました。稲川会でいえば、例えば先ほども名前が挙がった碑文谷一家の熊谷総長は直参です。ところが、稲川会の場合、同じ一家の中に稲川会の直参が複数存在するケースもある。直参のほうが会費が高いから、本部からすると直参が多いほうがお金をとりやすいという事情もあるのでしょう。

溝口　そうそう。会費を多く取るために、役職を増やしてばらまく組織もあります。

一人組長がたくさんいる

鈴木　実はどの組織でも、肩書きが全くない若い衆なんてほぼいないんです。なぜかというと、五次団体くらいになれば全員、箔付けのために何らかの役職は持っているから、いわば幹部じゃないヤクザはいない。

さらに言えば、子分がゼロでも、それぞれ自分の組を持って、自分の組の組長にはなれる。所属する組織の中ではヒラの組員だとしても、自ら鈴木組を立ち上げて、鈴木組の組長に私もなれる。だから一人組長がたくさんいます。

溝口　山口組のように、「幹部」という役職が実際にある例もある。若頭補佐の一歩手前ぐらいかな。そして若頭補佐から上を執行部という。

とはいえ、他の組織の執行部と、山口組の直参のどちらが上かといえば、それは山口組の直参でしょう。

鈴木　暴力団というのは建前としては、どんな小さな組織だろうがトップの親分は五分五分です。若い衆にとっては我が親分が日本一なのです。二次団体組長である山口組直参と独立系の他団体組長では、貫目上、独立系の組長のほうが上ということにはなる。もし喧嘩になって独立系の組長が「格が違うだろ」と言うのは、理屈では正しい。ただし、実態としては規模が違い過ぎて、ケース・バイ・ケースです。山健組は全盛期には七千人もの組員を抱えていました。三百人程度の独立組織とは組織力が違いすぎる。

兄弟盃は安全保障

溝口　兄弟にはもう一つ、のれん違いの兄弟というのがあります。つまり、他団体の人間と兄弟盃を交わすということ。

鈴木　これは組織の中の舎弟とはまた違います。兄弟だけど、五分の兄弟盃と言って、兄貴とは呼ばずに、お互いに、兄弟、兄弟と呼び合う。本当の家族には存在しないヤクザ社会の義兄弟ならではの呼び方。

溝口　五分の兄弟盃以外にも、例えば四分六分とか、さらに五厘違うだけの四分五厘と五分五厘の兄弟盃なんてのもありますが、少しでも違えば多いほうが兄貴分となり、これは親分子分関係に近くなってくる。だからのれん違いの場合の兄弟盃は、ほとんどが五分と五分です。

鈴木　兄弟分の盃は安全保障として機能しますし、実力者と兄弟分になっておけば得という考えもあります。テキ屋なんかはそうで、兄弟と言っておけば、ほかのお祭りに行ったときにいい場所をもらえる。だから、兄弟分があちこちに二十人、三十人もいたりする。

溝口　これがたとえば山口組の直参が稲川会の直参と兄弟分の盃を交わすということになると、組織的に面倒くさいことになりかねない。そこでこの盃については、本家が組織決定することになる。政治的にその盃を認めるか認めないかということを決めた上で、のれん違いの盃を結ぶことになります。

鈴木　盃というのは、本来、気持ちで結ばれるものです。生まれた時期はそれぞれ違っても、死ぬときは一緒と誓い合います。だから親子の盃と実質的には違いはない。利害が対立したとき、親分が優先だから、兄弟分を裏切れるのかといえば、そんな単純には決められません。精神的な結びつきなので、この人と兄弟分になると言って、お互いが認証し合えば、それで兄弟分になるはずなんだけど、山口組などの大組織の場合は、組織がでかすぎていろいろ齟齬《そご》が出るから、組が承認することになり、極めて政治的なものになります。

溝口　それならば山口組の若い衆同士、たとえば直参同士が兄弟盃を酌み交わすことができるかというと、これはこれでまずい。というのは、山口組の中に、兄弟分同士の盃をすると党派を作ってしまう。だから、これはやめましょうと、これは三代目組長の田岡時代に決まりました。

鈴木　若い衆同士が連帯すると、派閥を作るだけに留まらず、下克上《げこくじょう》が起こるかもしれません。その意味でも横の団結はタブーです。マンモス組織特有の論理です。

溝口　他団体との場合でも、「親戚づきあい」といって、友好関係を築いている組織かどうかによっても変わる。山口組を基準に考えると、友好関係にある稲川会であれば本家が認めれば兄弟盃が可能ですが、そうではない住吉会との盃というのは微妙で、井上邦雄（現・神戸山口組組長）は山健組の時代から歌舞伎町の親分である住吉会の加藤英幸（幸平一家総長）と兄弟ですが、これは山口組が認めた公的なものではなく、私的に結ばれた盃でした。そういうケースもある。

第六章

組長まで出世する条件とは何か

指示待ち若い衆ばかり

鈴木　ヤクザになってから直参クラスの組長になるまでには、長い行程があります。新入りはまず部屋住みとして、親分の身の回りの世話、および、組の雑務をします。

溝口　組長に奥さんがいても、組の事務所のことには立ち入らない場合が多い。部屋住みは掃除、買い物、犬の散歩や餌やり、料理までこなします。

鈴木　重要なのが電話番です。今は携帯電話になって、あまり事務所に電話がかかってこなくなりましたが、ヤクザの組にかけてくる電話は、みんな名前を名乗らない（笑）。全部「おれだ」ってかかってきて、そのおれが誰かを判別できるように、組織内の順列を暗記しなければならない。友好団体も、「おう、おれだけど、会長を出してくれ」と来るから、これも全部覚えないといけない。ここで絶対に「どなたですか？」と聞き返してはいけない。ヤクザには目上の人間に聞き返してはいけないというルールがあります。

溝口　まず聞き返すなんてあり得ない。

鈴木　絶対に怒られますよ。それに抗争とか非常時でも全部事務所にかかってきて、組員の確認とかもしなければいけません。

昔は組事務所と組長の自宅はイコールでしたから、身の回りの世話、パンツを洗濯したり、ご飯をつくったり、お風呂を沸かしたり、背中を流したり、運転手をしたりと、それこそ親分がセックスしているあいだを除けばすべての身の回りの世話をしなければいけませんでした。今は抗争に家族を巻き込んだりする危険性などを考慮して、別々にしている組が多くなりましたが。

ヤクザは個人事業主

溝口 そういう雑務をこなしながら、少しずつ兄貴分について回って、徐々にシノギを覚えていく。兄貴分を手伝ったりしていくなかで、シノギの元を分けてくれる場合もあります。
鈴木 ヤクザのシノギのうち、覚醒剤、博奕、風俗、みかじめ、そういう伝統的な資金源については見て覚えて、顧客を分けてもらい、広げていくという手順が必要です。しかし、ヤクザは個人事業主ですから、全然関係ない仕事をする才覚があるなら、それはそれで全然いい。例えば、パン屋をやって大ヒットできる器量があるなら、親分は何も言わない。実際に高級パン屋をやっていたヤクザもいれば、ラーメン屋やタピオカ屋を開いたヤクザもいる。会費さえ納められれば誰も文句は言いません。

溝口 ヤクザは基本的に個人事業主で、組が集団で動くのは抗争のとき、集団を威圧するときに限られる。だからこそ自らのシノギは自分で何とかしなければなりません。しかしながら今の時代は伝統的な資金源は締め上げられ、新しいシノギも見つからず、若いヤクザにとってはなかなか厳しい時代です。

鈴木 一昔前まではヤクザは二十代で年収五千万円稼げたら、まずまずの出世とされていました。今はかなり下がったでしょうが。

溝口 経済的に余裕が出て、親分に会費以外にも「お世話になっていますから」と逆に小遣いまでやれる立場にでもなれば、経済活動でのし上がっていけるでしょう。が、シノギが見つからず喧嘩をする以外に能がないやつの場合、いざというときに抗争で鉄砲玉になることで組に貢献するしかない。

鈴木 ところが最近は本当に指示待ち若い衆ばかりで、「今、喧嘩になりました」から始

とができます。これを「座布団の位置」と表現する。それは親分が決めますが、組織の中でチラシといって、襲名披露などのときに出回る義理回状にずらりと名前が載る。その順番は偉い順で、最後は例外的に事務局長とか、留めの役がありますが、その名簿の順番が上がった、イコール組織の中の序列が上がった、ということになる。

同期の中からもいち早く座布団を上げていく者が現れ、実力があれば兄貴分だって抜いていく。暴力団は最初は組織に一日でも早く入った人間が兄貴分ですが、年功序列ではありません。完全な実力主義です。

溝口　若くして出世する者もいれば、五十代でもお茶くみをやっているというヤクザもいます。

鈴木　出世しないヤクザは、やはり懲役要員にならざるを得ない。暴力団にはいざというときに、刑務所に入る役目が必要です。どんなにくだらない罪でもトップを刑務所には行かせられない。組織の誰かが行かないといけないとなったとき、「おれがかぶります」と手を挙げる要員が必要で、出世しない中高年のヤクザにも、存在価値があるにはあります。

溝口　出世するヤクザは、シノギや抗争で成果を挙げたうえで、親分に可愛がられる必要がある。取り立てるのはあくまで親分ですから。

鈴木　次の組長を子分の中から決めるのは、当代の組長です。つまり、どれだけ金を稼いでも喧嘩が強くても、組長に気に入られなければ出世はできません。もっとも、山口組みたいな大組織になると、合議制で執行部が決めることになりますが、基本的には親分が子分に跡目を譲る仕組みです。それが「代目を譲る」という意味でもある。

不確定要素が多すぎて報われない

溝口　組長になれるかどうかは、私は運だと思います。運が悪ければ、実力があっても駄目です。例えば、山健組傘下の健國会会長だった井上國春は、井上邦雄のあとの山健組組長になるだろうと言われていましたが、組織的殺人で懲役二十年を打たれてしまった。そこで代わりに中田浩司がその跡目を継ぐことになった。それを見てもわかるとおり、そういう場に居合わせていても、たまたま事件が起きると、身柄をさらわれ、どうにも自由がきかなくなり、チャンスを失ってしまう。そして、チャンスは二度と巡ってこない。そういう意味では、幸福の神様には前髪だけで後ろ髪がないというのと一緒で、後ろ髪をつかむことはできません。

鈴木　つまり、不確実要素が多すぎて、努力が報われなさすぎるわけです。ヤクザは任侠道のような絵空事《えそらごと》を言いますが、「成功するために必要なのは運だけ」と思い知らされているリアリストです。駄目なときは何をやっても失敗する。思い通りに進まないのが人生ではありますが、予想外の事件や落とし穴が多すぎて、通常はこの人が跡目と言われていても、ほとんどその通りに事は進みません。

自らの下手打ちだけでなく、予想外のことで逮捕されたり、抗争に巻き込まれて引退させられるかもしれない。自分の失敗ではなく、兄弟分の助けに入って破門になるかもしれない。本当にどこから槍が落っこちてくるか、弾が飛んでくるかわかりません。誰も信用できません。「もっとも危ないのは兄弟分」とさえ言います。

溝口　今や運をつかむためには、組長になるよりヤクザをやめるほうが幸せになれる確率が高いでしょうが（笑）。

子分の組織が大きくなると揉める

鈴木 そうしないのは意地なんでしょうね。組長になるのが目標ならば簡単です。若い衆がいなくても組名乗りすればいい。一人のほうが試練に耐えられるし、裏切られることもない。犯罪は少人数で実行するのがいい。

組員の数だけ増やしても強い組織はできません。ヤクザの大半は虚勢を張っているだけで、いざとなったら逃げてしまう。重要なのは、自分の組の下《もと》に、命を張れる人間をどれだけ集められるか。かつての親分たちは、「本気で自分を捨てられる組員が十人もいれば天下を取れる」と言っていた。ヤクザ組織が砂上の楼閣だとわかっていたのです。それに大組織には特有の病もある。

溝口 例えば、山一抗争で一和会についた中井組の若頭をやっておった中山勝正は、豪友会をつくって山口組に行ってしまい、中井組は相変わらず一和会に所属してるというケースがありました。これは中山勝正がやり手すぎて、豪友会のほうが上部組織である中井組より大きくなってしまったことが原因でした。高知を舞台に大抗争になりましたが、こういうケースはありがちなことです。

鈴木　特に跡目を継ぐ後継者以外に実力者がいると、大方揉めますね。内紛になるし、二つ跡目ができちゃうなんて、最悪な事態もあります。

溝口　それが、最近では、京都の会津小鉄会の例です。会津小鉄会は、二人が跡目を争ってともに七代目を名乗り、さらに双方を六代目山口組と神戸山口組がそれぞれ推すという代理戦争の様相を呈していました。最近は両組が再合併したようです。

鈴木　今年二月、ようやく両者は合流し一本化しました。抗争事件になって当然の事態でしたが、流血がなかったことが幸いした。友好団体に配布された書状には、六代目山口組の髙山若頭の口添えがあったと書かれていた。

組長にならなければゼロ

溝口　組長がまだ自分に力があるうちに後継者を指名し、自分が潔く現役から退くということができるならば、組長指名による次期組長の決定というのは成功すると思うんです。ところが、あの三代目山口組組長の田岡ですら、次期組長を決められないうちに、自分の命がなくなって、四代目をめぐる争いから山一抗争になりました。
組長の死後に決めるケースは揉めるし、組長の力が衰えてから次を決めても、これは従えないという人が出てくる。

鈴木　総裁制（組長・会長の上に総裁を置く制度）が暴力団の流行になったのは、自分が目の黒いうちに跡目を決めておくという意図からです。

溝口　大きな組織ほど、組長にならなければゼロと言ってもいいと思う。組長が百とって、ならなければゼロ。先ほども言った通り親分が代われば世代が代わるから、いい役職はより若い人に行ってしまう。だからみんな跡目をめぐって必死になるわけです。

鈴木　ヤクザは巡り合わせなんです。次の代を取れるか……親分と歳が近い同世代はチャンスが薄い。同世代の出世レースでは一人しかトップになれません。拮抗《きっこう》するだけの力のあるライバルは大体放逐されるし、さもなければ粛清され、殺される。そうしないと組織としてうまくいきません。
だから、九州なんかでは、今でもヤクザは一代限りと言うわけです。一人の卓越した親分がいて、そのカリスマで組織が誕生し、成長しますが、その人が死ぬと必ず揉める。ヤクザは実力主義なんだから、それでいいという考えです。常に生存競争の中におり、殺し合ってこそヤクザというわけです。

溝口　しかし、巨大組織になると一代限りと言うわけにもいきません。

鈴木　名前が一人歩きしてしまうし、所帯が大きいだけに、すべて一からやり直すというわけにもいかない。その代わり、常に組織が安定しません。山口組でも今の分裂抗争が終結すれば、論功行賞が行われる。そうなるとまた組織内部が不安定になります。

元来、山口組は建前として、直参はみな平等である。代替わりの際には、慣例としてトップである組長とナンバーツーである若頭は別の組織から選ばれていました。とはいえ、それは明文化されているわけではない。六代目になって司忍組長、高山清司若頭とも弘道会で占めることになり、さらに弘道会を継いだ竹内照明会長が、若頭補佐に抜擢された。江戸幕府のように、このまま弘道会の支配が続くのではないかという危惧が、分裂の芽を育てたわけですが、よりいっそう弘道会の力が強大になっただけです。

親孝行しても見返りがない

溝口　その上に、神戸が拠点の山口組の実権が愛知を拠点とする弘道会に移ってしまった、そのことへの反発もあった。

鈴木　山口組はもともと神戸の組織なのに、親分（司忍組長）の地元である愛知が本家だと言い出して、それはおかしいという声が上がった。六代目山口組の総本部は神戸の篠原本町だけど、本家は名古屋だと言い出したわけです。ヤクザは地元に根付いた存在であり、山口組は神戸と同義です。その神戸に砂をかけるのかという反発を逆手に取り、分裂後は離脱派が神戸山口組という名称を付け、〝神戸〟の二文字を乗っ取りました。

溝口　ヤクザは元来、地縁のものですから。

鈴木　オール神戸という枠組みがあるなら、そこに山口組も入っている。阪神・淡路大震災の際は、実際、彼らは神戸の人たちと助け合い、地元にあった暴力団追放の看板が撤去されました。今はまた設置されましたが、山口組は神戸というコミュニティとニコイチで存在していたわけですから。

本来、地縁に根ざした暴力団組織が、これだけ突出した全国的な規模の組織になること自体が異例で、すべてが伝統的なヤクザ社会の考えからは想定外になっている。

溝口　もちろん、分裂の一番根本の問題は、金です。上納金を引き上げ、それを司忍だけが独り占めしているということへの反発が最大です。

鈴木　緩めすぎても締めつけ過ぎてもいけない、ニコニコしたってなめられ、厳しくし過ぎると裏切られる。

溝口　だけど、それは、あらゆる組織とか国とかでも同じことが言えるのではないでしょうか？　軍事力を強くするためには財源をとって武器を買わなくてはならない。戦国時代もそうだろうけど、そうなると、領民が飯を食っていけないとなるので、一揆が起こる、あるいは、逃散《ちょうさん》といって、その領主から借りている土地から逃げてしまう。そういうふうに下のほうの反発が起きるわけじゃないですか。

鈴木　本来、今は締め付けを強める警察と対峙しなければならず、抗争なんてしている場合ではないのに、どうしたってうまくいかない。大国病のようなものです。

溝口　それにも増して今は、暴力団の疑似血縁関係という概念に限界が来ている。ヤクザ組織は一家を家族として名乗っているにもかかわらず、上納金で親分は食える、しかし子分たちは食えない。この現在の状況では、子分たちが親孝行しても、親分はそれに対して見返りを提供できない場合が圧倒的に多いんですから、疑似血縁関係も終末に近づいているると思います。

第七章

暴力団経営にはどんな経費がかかるのか

葬式の香典で組が潰れる

鈴木　第三章で「暴力団にとって抗争は必要経費だ」という話がありましたが、ヤクザには実際にさまざまな必要経費がかかります。

溝口　ヤクザの支出先ということでは、組織としてなのか、あるいは個々の組員なのかという区別があります。

鈴木　組織としてなら、まず組事務所ですね。暴力団排除条例によって、賃貸契約を結んでも暴力団だとわかったら問答無用で賃貸契約を解除できる特約が一般化していて、今は組事務所を構えるのに物件を買うしかありません。光熱費、電話代、水道代、固定資産税もかかります。昔は支払いを無視している組もあったらしいですが、今は無理です。くだらないことが取り締まりの口実にならないよう、NHKの受信料さえ支払う。そこら辺は普通に会社を経営するのと一緒です。

溝口　あとは若い衆を食わせる金が要りますが、大したことはない。だいたい彼らが料理を作るケースが圧倒的に多いですから。

鈴木　金がなくても事務所に来れば、炊飯ジャーにご飯があって、それを食えるようになっている。今でもそうした習慣は生きています。ただ、博徒が博奕専業だった時代、部屋住みの若い衆が、朝晩、事務所の飯を食うのはいいが、昼食くらいは自分の裁量でどうにかする……そのくらいでなければ出世できないと言われていました。ほかには、組の行事や付き合いのための交通費とか、その際の食事会の会費など。組のために懲役に行った人が出てきたときの功労金みたいなのを積み立てる組織もありますが、それを持ち逃げする幹部もまた多い。事務局長は組織の金を管理する役職ですが、金のトラブルでもっとも入れ替わりの激しい役職でもある。

溝口　個々の組員で言うならば、まず毎月決まって出ていく金は、組に対する月の会費です。それは必ず払わなければいけない。それから、義理事《ぎりごと》という慶弔交際費、やれ、誰それが何代目を継いだとか、誰それが刑務所から出てきたとか、あるいは誰それの葬式とか、そういう義理事で金が出ていく。

鈴木　ヤクザの慶弔交際費はとても高額です。

溝口　この義理事というのは、ヤクザに言わせると、出した金はいずれ自分に戻ってくる。

自分のときには、自分が金を出した相手側が金を運んでくれるということで、貯金みたいなものだと、以前は言っていました。つまり、義理事に出す金には、協同組合的な要素もあります。要するに、われわれ個々の人間が不幸のときは助け合うとか、ヤクザ間の共済的な意味合いがあった。バブル期には慶弔交際費の金額は非常に膨らんでいました。

しかし、今はそれもあまり通用しなくなってきてしまって、出した金は戻ってこないケースが多い。

鈴木　以前は葬式だと、組としてとヤクザ個人として、二重に香典を包んでいました。しかし、組織が大きくなると単純に組員の数が増えるので、葬式も多い。だから、大きい組織と小さい組織が付き合っていたら、圧倒的に小さい組織から出ていく金が多くなってしまいます。慶弔交際費というのは、襲名式や葬式などに名を借りた組織の金集めですから。暴力団は何かにつけて葬式をやりたがる。組員の父親や母親が死んだときまで呼ばれたりもする。

そこで二十年ぐらい前から、このままでは慶弔交際費で潰れてしまうという声が出て、義理事においては個々の付き合いはやめ、組織と組織にしましょうとなりました。

溝口　組織と組員がそれぞれ出していたら、組が潰れてしまうと。

鈴木　先日、ある暴力団の葬儀があって、山口組は中核団体である弘道会以下三団体が来ていました。それぞれ別に香典を出したはずで、最低でも合計一千万〜二千万円の香典を払ったと考えていい。

溝口　それがヤクザの慶弔交際費です。

鈴木　それだけの金を払える組織はほとんどありません。もらった側にしても、同額を返せるかといえば厳しい。最近では「うちはいくらもらおうと一回百万円の香典しか払えません」と宣言するなど、割り切った組織が増えてきました。

慶弔交際費が膨らむ背景には、金をたくさん払える財力が、そのまま組織力を示す物差しになるという考え方がある。金が力に匹敵する力になり得る。要するに、組織力を誇示するパフォーマンスなんです。

デモンストレーションとしての金払い

溝口　一種の顕示的消費というのがヤクザにはあって、例えば、クラブに行って、大きな金額をきれいに払えば、かっこいいヤクザだと見られてうれしいと。そういう意味で、ヤクザの場合は、デモンストレーションとしての金払いという側面がある。

鈴木　博奕場では、金離れがよく、払いが綺麗だと男を上げました。そこでの所作が器量の証明になった。その名残だと思います。人気商売なので、裏の仕事は人気のある組織に集中する。こうした金は宣伝費のようなものです。

溝口　例えば、弘道会若頭の野内正博のエピソードとして、銀座のクラブでたった十分座って飲んで、金額が二十万円だとしたら三十万円多く払って、店の人が「親分、こんなにすみません」と礼を言ったら、「いや、わしらの仕事は金を使うことぐらいしかありません」と言う。今どき、そんな金遣いができるヤクザは日本全国に五人といないと思いますが。

鈴木　これも一種の自卑です。我々のようなヤクザは、金払いの良さで世間に貢献するしかないという、ねじれた美学があります。

溝口　稲川会会長だった稲川聖城《せいじょう》が、散髪をやってもらって、チップが百万円だったと。みんな驚いて、何で床屋に百万円やるんだって聞いたら、「いや、どうせやるなら日立ったほうがいいから」と言っていたと。これこそが顕示的消費です。

鈴木　実際、熱海（稲川会発祥の地）で稲川会を悪く言う人はいなかった。金の切り方が半端ではない。土地に根付いているから、地元は大事にします。

溝口　そうです。裏でみかじめ料をたっぷりとっているくせに、使うときにはそういうふうに使う（笑）。一昔前までは一晩五十万円は当たり前として、月二十日で計算するなら、飲み代だけで月一千万円。それが当たり前の世界でした。

鈴木　ヤクザに仕事を頼みたい人は、インターネットで検索しても情報がありません。だから何で判断するかというと、口コミなんです。そうじゃなければ、可視化された実力、事務所が立派か、すごい車に乗っているかどうか、ぱりっとした格好をしているかどうか、いい時計をしてるかどうかというところをやっぱり見る。だから、よくヤクザが言うのは、三十万円のセイコーの時計をするくらいなら、三万円のロレックスのコピーのほうがいいと。これこそヤクザ的発想です。

溝口　そうですね。高そうに見えるというのが大事なんだと。

鈴木　昔はよく、名簿を見て、親分と若頭、本部長らの住所、電話番号をチェックしました。全部同じなら、事務所がひとつしかないんだな、ここは規模が小さいんだなと判断する。だから、たとえば宅見勝（五代目山口組若頭）時代の宅見組が大阪ミナミのいいところにどーんと事務所を建てたのは、やっぱり、ヤクザに仕事を頼みたい人へのアピールでしょう。繁華街の、見るからに地価が高いところに事務所があるというのが一番の宣伝になる。

溝口　しかし、その顕示的消費が最近は薄れてきている。昔はヤクザの車と言えばベンツだったのが、最近はセダン型じゃないワンボックスが増えています。

鈴木　トップの親分たちが居住性を優先した国産のワンボックスに乗り出し、トヨタなどは本当に迷惑していると聞きます。セルシオが出たあたりから、メルセデスを始めとする外国車信仰はずいぶん薄くなりました。高価な車はいくらもありますが、もう安っぽい誇示で名前を売る必要がない。それにヤクザっぽい車は狙われやすいんです。防弾車にする際も、ワンボックスのほうが鉄板を入れやすい。重量的な問題があり、屋根が潰れてしまうので、天井には防御用の鉄板を仕込めないのですが、セダンだと上に乗られて撃たれる可能性もあります。

溝口　ある程度馬力がないと防弾仕様は無理なんですよね。重量に耐えられないから。そういう実用面も確かにある。一方で伝統的なヤクザルックにも実用面がある。暴力団は暴力のプロだからといって、しょっちゅう暴力を振るっているわけではありません。むしろ暴力のプロだからこそ、暴力の費用を熟知し、極力その発動を控えようとします。そのため彼らは、暴力を振るうかもしれないという雰囲気作りを行う。ヤクザルックというのはそのためにあり、相手のほうが自分を恐れて避けるように仕向けることで、衝突と暴力の費用を節約しているとも言えます。

刺青も同様で、見た者に恐怖を与える威嚇力や、仲間内で幅が利く、大きな顔ができる、といった意味合いがある。

金を切る快感こそヤクザドリーム

鈴木　スター的存在のネーム・バリューがあれば、くだらない見栄を張る必要はありません。ヤクザの見栄は、本来、切るものです。

ヤクザはメンツで生きているから、食事を共にした際、誰が払うかで揉めたりする。日本的な面倒くささの極北です。金を払った側がかっこつけたことになるので、無理に払うと顔を潰す。喫茶店程度ならどちらが支払ってもいいでしょうが、それなりの金額になると、支払う意思表示をしてから勘定を払ったほうがトラブルになりません。ヤクザの選ぶ店は特別待遇をしてくれるので、べらぼうに勘定が高い。和食で一人七万円なんてすぐ超えます。大してうまくはありません。店にすれば上客です。

溝口　相手がヤクザでもカタギでも、今回はおれが奢っておいたほうが得というような人間はいるわけです。そのほうが長い目で見れば、自分にとってプラスになるお客さん、相手というのがいるわけでしょう。そういう者に払われたら、それは迷惑だということになる。

鈴木　実際、金は力です。金で負い目を持つと、ヤクザだって頭が上がりません。

溝口　会食に関して僕の個人的な体験を言うと、原稿をめぐって山健組とトラブルを起こしたときに、山健組のある幹部がトラブル解決の担当になった。新宿のホテルに呼び出されて、「この部分を直せ」と言われました。僕は断わった。そうしたら、その組長は山健組の若頭に電話して、「今、溝口に会うてます、溝口は直さないと言ってます、私がこいつに飲ませ、食わせ、金漬けにして、うまくしますさかい、それでええでっしゃろ」と、僕に聞こえよがしに電話しました。それで、僕に百万円の札束を渡してきたから、「いらない」と言ったら、「わしが一度出したもんを引っ込められるか」というようなことを言ったわけです。それでも受け取らないでいると、「五時半に築地の水炊き屋に来い」と言うから……。

鈴木　築地の有名な、政治家や詐欺師御用達の……。

溝口　こちらは二人で行ったら、向こうの一行が七人もいて、うち三人は女だった。で、銀座のクラブを三軒回ったんです。僕の計算でいうと、その晩、二百万円以上は使ったでしょう。おれの遊びは派手だろうと見せつけ、女には一万円のチップをばらまいていました。到底われわれがお返ししたくてもできないレベルの金を使っていた。力を見せつけようとしたんですね。ですから、損得勘定では計り知れないところがある。

鈴木　単純明快さを尊ぶ気風はありますよね。「すごい！」と称賛されたがる幼稚さ、よく言えば可愛さもあります。回りくどくないので爽快に感じる部分もある。でかければいい、高ければいい、その価値観はとてもシンプルでわかりやすい。

溝口　そうとも言えるかもしれない。

鈴木　貧困の中から出て、ヤクザという手段で夢を摑んだ人たちだから、過去に復讐するかのように金を使うのかもしれません。いいもんを食って、いい女を抱いて、いい車に乗って……マシンガンの弾のように金という実弾を撃つ。その姿は哀しくもあります。

貯めるという発想がない

溝口　たいていのヤクザには貯めるという発想がない。その日暮らしで、宵越しの銭は持たねえよという、そういう考え方だし、儲かったら儲かったで、それを人に話さずにはいられないというタイプばかりで自分でしゃべっちゃうから、金は、当然散っていきます。例えば覚醒剤を捌《さば》いて普段持ち慣れない三百万を手に入れる、ところが、そのお金はすぐに散財して身につかない、そういうケースが多い。

鈴木　元来はそういうメンタリティの人が多かったんですけど、今は儲かっていることを組内で言うと、寄ってたかってたかられて、むしられているのを見ているから、今の若い衆は、儲かってもそれを秘密にする。地方都市では無理でも、東京ならできます。車もいい車で事務所には行かないようにする。ヤクザの看板を使い、ある程度儲けて辞めちゃうという**ドライ**さもある。山口組のような大組織でも、資産隠しが問題になることがあります。会費を滞納したり、抗争の費用負担をしていなかったのに、隠れて財産を持っていると判明すれば問題になるでしょう。

溝口　実にヤクザらしくない。

鈴木　そもそも太く短く生きようとするヤクザはもういません。みんな早起きして、近所をウォーキングし、夜は深酒せずに寝ます。奥さんや子供の名義で銀行口座を持っているヤクザも多いですし、事務所には大体大きな金庫があって、相応の金が入っています。ただし、たまにそれを盗む根性者の泥棒がいるんです。捕まったらただじゃ済まない。殺されたっておかしくないのに、なかなか腹が据わっている。

溝口　特に今の暴力団はタンス預金ですよね。他人名義にせよなんにせよ、銀行に入れていいことは何もないわけで。利子はつかない上に、名前が把握されるリスクがある。それで彼らの場合、札束を保管するにあたって銀行の帯封は全部外す。輪ゴムで留めるんです。それで金庫に入れておく。帯封のままだとどこの金融機関からいつ引き出したものかがわかってしまう。だから彼らの習慣として、帯封は残さない。貯まった金を投資信託にするとか、そういう話も聞かない。昔は盛んでしたが、今は株式投資とか外貨運用の話も聞かない。

ヤクザの多くは、新しい品物に投資する。例えば、香港で、金のインゴット、つまり金塊を買って日本に持ち込みが成功すれば儲かるというような話を聞けば、人を何人も行かせて金塊を日本に持ち込んで、通関を素知らぬ顔で通り過ぎる。そうすると、消費税分の十％が儲かるから、新しい事業として成り立つ。最近だと仮想通貨とか、そういう新しい品物に投資したがる。近ごろは目の覚めるような話は聞きませんが。

案外ヤクザは騙されやすい

鈴木　運用みたいな儲け話って、年がら年中、ヤクザのところに入って来ますよね。例えば、電力自由化のときにも、自由化をこう利用すれば儲かるといった話がヤクザのところにいっぱい来ました。ただ詐欺だったり、失敗したりすることも多くて、普通だったらパーになるんだけど、ヤクザの場合は、暴力で出資者から金を回収できるという強みがある。出資者が責任を感じて、親分に損はさせられないと言って元金保証するとか、暴力団らしいとは言えます。

溝口　案外ヤクザは騙されやすいんです。単純にヤクザは自分を騙すやつはいないという自信がある。

鈴木　うぬぼれていいことはありません。いいカモです。

溝口　だから逆に、詐欺に引っ掛かりやすい。詐欺に引っ掛かって、かつてなら鈴木さんが言うように金を回収できたけども、今はヤクザの立場が弱いし詐欺師のほうが上手だし、ほとんど回収できません。最近は外国人がその手の話を持ってきて、金をそのまま外国に持っていってます。そうすると、日本のヤクザは手も足も出せません。

第八章

子分と子供、本当に大事なのはどちらか

男のために金を用意してこそ姐さん

鈴木　最近、『ヤクザと家族』という映画が公開されたと聞きました。元ヤクザやその家族の厳しい環境が描かれているそうですが、暴対法の施行にあたって、ヤクザの姐さんらが上京し、銀座で「ヤクザの家族にも生きる権利がある！」とデモ行進をしてからもう三十年近く経っています。

でも暴対法施行時は、まださほど切迫はしていなかった。ヤクザの身内という視点はまだ『極道の妻たち』のように煌《きら》びやかに脚色をされるだけの華やかさがあった。今は弱者を前面に出し、同情を買うしかなくなっている。もちろん天涯孤独のイメージとは違い、ヤクザの多くは実際には奥さんがいて、子供もいます。家庭では至って普通の父親です。ただし、オヤジとごっちゃになるからか、息子や娘たちには「パパ」と呼ばせている人がけっこういて、そこだけ見れば微笑ましい光景です。

溝口　ヤクザにとって家族はほとんどの場合、普通で、サラリーマンと変わらない。たいして金のないヤクザは子供を公立の小中学校に行かせるし、もっと金のあるヤクザなら私立に入れたりとかあるけれども、子供に対しては普通のパパであることが多い。
重要なのは奥さんの存在です。ヤクザは自分が刑務所に行かなければならないというときがあり、長い不在を続ける。その間、組織からの支援があれば別ですが、家族には一銭もあげられない。そういう場合は、奥さんが水商売に行って一家を支えるというケースが多いんです。それがあるから、ヤクザの奥さんは美人が多い。

鈴木　確かに美人ばかりです。

溝口　奥さんも手に職があるわけではないから、水商売で急場をしのぐと。つまり嫁選びにおいても、いざというときに稼いでくれるかという要素がある。
一方では、家族を食うや食わずで放置しておいて、子供の給食費すら学校に運べないという、そういう貧乏ヤクザも多いですが。

鈴木　奥さんに生活費を渡さないヤクザは本当に多いんです。ほぼ虐待です。姐さんたちはほとんどが自立しています。ヤクザの場合は正妻も愛人も分け隔てなく姐さんと呼びますが、不意なことがある業界だから、何かあったときには身体を売ってでも金を用意しようとする気っぷの良さもある。洗脳されているというより、そうした自己陶酔が好きなのだと考えなければ理解できません。
古典落語でも親の借金を返済するため自ら吉原に落ち、遊女になる娘などが描かれますが、ヤクザが女房をソープランドで働かせていたと話したら、それは自慢であり、美談なんです。女の性根を称賛し、そこまで惚れさせた自分の男っぷりを自慢している。ヤクザという伴侶にどうしてそれだけの良さがあるのか、男の自分にはわかりません。
だけど、女も馬鹿じゃない。ヤクザはモテるんです。愛人がいるのは当然と思っている。むしろ何かあったときには自分が捨てられるかもしれないという意識があります。経済的に自立しているのはそのためかもしれない。最近、地方都市では看護師さんも多い。安定してるし、高給だし、どこにいっても潰しが利く仕事です。

溝口　なるほど。ある博徒系の組では親子盃の席で、取り持ち人が子分に向かって、「いよいよこれから親子の盃をする。この盃を背負った以上、一家に忠義、親分（おや）に孝、たとえ妻子は食わずにいるとも、親分のために一命を捨てても尽くせ」と言うそうです。そういう価値観が確かにある。

鈴木　女性からすると、ヤクザは結婚してもなかなかいい思いはさせてくれません。付き合った当初はいろいろやるだろうけど、すぐ飽きてしまうし、新しい女もできてしまうし。ただ、男と女に関しては理屈じゃない部分がある。強い男はやはりモテるとしか言いようがない。

溝口　港港に女ありという、それをやりたいためにおれはヤクザになったんだって言う人もいます。ヤクザの倫理観の中に、一夫一婦制の原理を守らなくてはならんと、そう思っている人は少ないんじゃないかと思う。

体の関係があると裏切りにくい

鈴木　そこは一般家庭と同じです。うすうす愛人がいるとわかっていても、嫉妬は消せません。田岡三代目の奥さんである文子《ふみこ》姐《ねえ》は、「愛人と寝てもいいが、女房も抱け」とアドバイスしたらしい。見栄を張って「うちは全て公認だ」なんて言う組長もいますが、観察するとそうでもない。ヤクザも姐さんも同じ人間です。特別超越した価値観を持っているわけではない。

溝口　たいていはそうでしょう。

鈴木　安藤組の安藤昇さんは「嘘はついちゃならない。仲間を裏切るヤツは信用できない。でも女にはいい」と言っていました（笑）。男と女は騙し騙されということですね。

溝口　ただ、稼ぐヤクザは女性にもすごく金を使います。これは間接的に聞いた話だけど、六代目山口組のある幹部は全国に十七人だかの愛人だか女房がいて、その全員に店を持たせていると。いざというときに、彼女たちが自活していけるようにということですが、十七人に店を持たせるっていうのは、そのために莫大な金がかかっているわけです。

鈴木　それも自慢の一つになるんでしょう。

溝口　金あってのそういう生活だと思うけれども、そのことに罪の意識なんて全然ないんです。考えてみると、ヤクザというのは、オス性の過剰によってヤクザになったという側面もあるわけで、オス性の過剰というのは、やっぱり、港港に女ありということになる。

鈴木　あとは、女は腹が据わっています。肉体関係にあれば、より人間の結びつきが深い。普通の関係より裏切りにくいという側面もあります。だから、拳銃を隠すとか、覚醒剤を保管するとか、女の家や車を使ったりする。ヒットマンに襲われたときも、映画だと情婦は泣き喚くだけですが、案外、楯になろうとするらしい。

溝口　だけど、今、時々テレビにも出てくる竹垣悟（元山口組義勇会会長）が、「女は別れれば他人だから、本当に重要なことは女には打ち明けられない」と言ってましたよ。万が一、女性が大事な秘密を暴露したりしないかと、そういうことも考えてはいると思う。

鈴木　そこら辺はケースバイケースでしょうね。でも自分の女を心酔させられない男が、子分を酔わせるなんてできっこない。

子供をヤクザにするかしないか

溝口　では、子供に対してはどうか。疑似血縁関係である子分とは何が違うのか。

それは、やはり同一ではありません。子供は子供であって、子分は子分。いくら疑似血縁関係といえど、やはりそれは商売であって、現実には実の子のほうがかわいいに決まっている（笑）。

鈴木　たいてい子供は溺愛します。家族の愛を渇望していたという面も大きいんだと思います。ただ、しつけはずいぶん暴力的で、殴る蹴るは当たり前です。

溝口　だからこそ、その子供をヤクザにするか、それともヤクザから避けるかというのは、ヤクザにとっては大問題です。

山一抗争のころに、一和会の幹事長だった佐々木道雄とともに一和会の幹部の家に行ったことがあるんですが、そこのせがれが出てきて、佐々木に向かって、「おじさん、僕に就職先を紹介してよ」と言った場面に遭遇したことがある。彼は大学を卒業するかしないかのときで、佐々木は「うーん」と考えていましたが。ああ、こういうところは普通の家庭と同じだなと、僕は思いました。それで確かに佐々木は企業に顔が広いから、そのせがれは無事に就職できたと思う。

鈴木　ヤクザの子供が親をヤクザと認識するのは、けっこうな年齢になってからです。一種のカルチャーショックみたいです。例えば大人の身体には、絵が描いてあるのが当然だと思っている。学校に通うようになって、ようやく家の親は特別だと気づく。でも小学生の子供に、ヤクザとは何かをきちんと説明はできません。

私の知っている親分の娘さんはずっと自分の父親を「サル山のボス」と認識していた。正しいですよね。周囲の人間関係がちゃんと見えている。でも、ヤクザが何であるか知ったのはずっと後です。

溝口　いずれわかるものですからね。近所のガキが、「おまえの親父はヤクザだろ」って言いますよ。情報発信元の子供は大人たちの噂話を小耳にはさんで、発信する。

だからこそ、子供をヤクザにするかどうかという問題が生じてくる。三代目山口組組長の田岡一雄は、満という長男をヤクザにはしませんでした。ちゃんと慶應大学経済学部を出して、甲陽運輸という元は田岡が経営していた会社の社長に据えて、満をカタギに育てました。それから、三代目山口組若頭の山健（山本健一）の奥さんの山秀（山本秀子）さんは、息子をカタギの企業に勤めさせ、山健が亡くなったあと、自分の家に山健の者を出入りさせなかった。

鈴木　ヤクザと家庭をきちんと分けるのは、姐さんの仕事ですね。

溝口　しかしながら、稲川会会長だった稲川聖城は、自分のせがれ、裕紘《ゆうこう》をヤクザにし、稲川会の三代目を継がせた。そして、裕紘も、自分の息子をやっぱりヤクザにつけようとしましたが、反対する組幹部が多くてできなかった。このように、ヤクザの教育方針によって、子供をヤクザにするかしないかは決まります。

最強のモンスター・ペアレンツ

鈴木　本来は厳しい生存競争が前提で、命を失う可能性がある危険な世界です。息子をヤクザにしたいと思うはずがない。実際、ヤクザが抗争に明け暮れている当時、雑誌のインタビューでは、子供が望めば自由にさせるが、自分は息子をヤクザにしたくないと断言する親分ばかりでした。そりゃそうだよなと思っていました。ただし近年のように、組織が巨大なシステムになって、抗争ができなくなり、平和共存路線が定着するようになると、親分という椅子に座っているだけで莫大な金が入ってくる。楽して儲かる仕事なら、血縁に禅譲したくなります。だから、稲川会の親分が、息子に稲川会を継がせたころ、山口組の直参でも、息子に組織を継がせるという例が増えました。

溝口　徳島の心腹会とか、一部いることはいる。

鈴木　でもたいてい、ヤクザの子供は関西で言うところのアホボンというやつです。なぜならヤクザは子供を甘やかすし、子供もヤクザの暴力を使おうとします。スーパーカーブームの際、ランボルギーニ・カウンタックというイタリアのスポーツ・カーが大人気となり、子供たちがカメラを持ってそういった車を追いかけた。ある親分の子供がカウンタックを欲しいと言い出したところ、父親である親分は実車を買い与えました。ヤクザはただでさえ、オリンピック級のサイコパス揃いです。最強のモンスター・ペアレンツですから、周囲もなかなかものが言えない。ワガママに育つというわけです。

溝口　確かに、世襲のヤクザでうまくいっているケースは、あまり知りません。

昔は組と家族が一体だった

鈴木　本来は実力主義の世界だから、自分の本当の息子がかわいいと思っていても、対外的には、若い衆がいないと神輿《みこし》は動かないんだから、子供より若い衆のほうが大事、若い衆こそ宝と公言する。

だから、自分の跡目は若い衆から選びましょう、親分がヤクザとして稼いできたものは若い衆たちが縁の下にいたんだから、彼らに禅譲しましょうという建前がある。世襲は認めないという暗黙のルールがかつてはあったんです。

溝口　原則を言えばね。

鈴木　ただ、親分が絶対だから、世襲すると言えば通るケースもある。組織の中に親分を担ぐ世襲派が生まれ、力を持ち始めます。稲川会も世襲を推す熱海派が力を持っていたのですが、四代目をとったのは反世襲派でした。彼らはいざとなれば組織を割って戦う覚悟で跡目争いに臨んで、組織を手にしました。

溝口　昔は組と家族が一体化していたところも多かったから。

鈴木　すごくフレンドリーな組なんかだと、組員と家族が一緒になっていて、みんな仲良し、和気あいあいでやっているところもあります。本来、ヤクザは一家ですから、それが正しいんですよね。

溝口　田岡一雄の息子の満が子供のころ、先ほども名前が出た佐々木道雄がよく満とキャッチボールをして遊んでやったと言っていました。そういうふうに、田岡の坊ちゃんのお世話係という側面も、昔の子分たちにはあった。

鈴木　家と事務所が分かれてなかったですからね。昔は海水浴に行くからバスをチャーターし、みんな奥さんや子供連れて来いよとやっていた。いわば社員旅行です。最近は地域の条例で、海水浴場でも刺青は禁止になっているし、そもそもバスをチャーターできないうえ、ホテルにも泊まれない。

昔は子供たちと草野球のチームを作ってるヤクザもいました。あるとき、地方大会に天皇陛下が来ることになったんです。地元の警察がヤクザのチームに自粛を要請した。チームの監督だった親分は戦時中、特攻隊に所属していました。「陛下のために命を捨ててもいいと思っていた我々が、危害を加えたりするものか！」と怒り狂いました。

それと、以前は組員の家族やプライベートの相談も奥さんが入って仲介してというのもありました。婦人会のようなものです。最近はそんな関係性はなくなってきています。

なぜ姐さんと呼ばれるのか

溝口　基本的には、ヤクザ社会には女はいないということになっているんです。だから飯炊きでも掃除でもなんでも、みんな男の末端組員がやるわけです。普通は奥さんがやることも、男どもがやる。基本は男だけの世界ということになっている。

鈴木　その象徴が、姐さんという呼称ですよね。組長は親父なのに、奥さんはおふくろさんじゃなく姐さんという一つ格下の呼び名になる。相撲なんかの親方と女将さんに比べても格下でしょう。これもヤクザ社会の男尊女卑です。

溝口　そういう解釈もできる。

鈴木　ヤクザらしい理由もあるんです。昔はお縄になると、一族郎党が処分されかねないので、女房に累が及ばないよう身内扱いしなかったと言われています。家族を巻き込まないために、徹底してヤクザ社会は女人禁制となった。実際、明治までは、自衛策として女房と籍を入れなかったそうです。今も暴排条例のせいで、戸籍上、ヤクザの夫と偽装離婚するケースが増えました。母子手当などがもらえないんです。

でもやっぱり、奥さんの助けが欠かせません。内助の功という以上に、姐さんの器量は組織力に直結します。姐さんが若い衆を使用人のように使うと、まともなヤクザなら怒鳴りつけます。でもやっぱりできの悪い姐さんはいるんです。そんなところは、若い衆の心が離れてしまう。

溝口　けれど今は、ヤクザの家族は困りっぱなしでしょう。

鈴木　父親の職業にヤクザとは書けない。母親がパートに出たとしても、ヤクザとわかれば問題になります。刑務所に面会に行く際は、肉親が前提なのですが、内縁の妻にも同じ権利が与えられます。取材で姐さんに接する機会はあまりありませんが、時折、家族で東京ディズニーランドに遊びに来るので、車を出したりします。十分、ネタが拾える。

溝口　今やヤクザの家族だと、損しかないから。

鈴木　だから内縁が増える。もっとも、内縁関係だとヤクザにとっては愛人を奥さんと同格に扱えるというメリットもあるみたいです（笑）。

ヤクザの子供だとなれない仕事

溝口　僕がこのまえ会った俳優の高知東生《たかちのぼる》は、高知の中井組・中井啓一（三代目山口組舎弟）という親分の子供です。彼は、中井の子供として少年期を過ごしていますが、自分のお母さんは中井の愛人だったということも知っていた。

そうすると、過保護の体質で、学校に高級車が乗りつけることもあるし、生活も豊かで、周りの子供たちも中井親分の子供として高知東生を扱い、先生すら遠慮することもあったという。そういう利益の部分もあっただろうけども、高知東生は不利益もこうむっているんです。やはり進学先とかを決めるのが難しかったらしい。実は高知の本当の父親は中井ではなく、徳島の有名ヤクザです。高知は長じて後、それを知ってさらに混乱したそうです。

鈴木　私立中学の受験とかもバレたら、やっぱりまずいでしょう。だから、最近は、ヤクザとして顔がばれたくない、有名になりたくないという若い衆も増えている。雑誌なんかの取材で写真を撮るときに、「顔は写りたくないです」と言う人もいます。それは主に家族や仕事のためで、昔は決してそんなことはなかった。逆に取材が来て雑誌に載るのだから、ヤクザじゃない友人たちも一緒に写真を撮って欲しいと言われた。

就職にしたって、ヤクザの子供は警察官には絶対になれない。警察に聞けばそんなことはないと言うのかもしれませんが。

溝口　警察官でなくても、新聞記者になったって、警視庁記者クラブに詰めることになった場合、警視庁は所属する記者の身元調査をしますので、そうするとお断わりですとなるでしょう。

鈴木　それは実質、差別ですが、現実としてはある。

溝口　だから、ヤクザの子供は男女共通して水商売の人が多いんです。店を経営したりね。

水商売はそういう身元調査は一切関係なく、誰でもなれますから。

鈴木　ヤクザの子供というだけで職業が限られるのはおかしな話です。差別以外の何ものでもない。

第九章

ヤクザの仕事に休日や祝日はあるのか

土日という概念がない

溝口　結論から言うと、ヤクザには休日というのは基本的にない。逆に、ヤクザは休日ばっかりとも言えます。

鈴木　いつも暇していますからね（笑）。

溝口　毎日が日曜日とも言えるし、逆に怠け者の節句働きっていう言葉があるでしょう。だから、平日だろうと休日だろうと働くとも言えます。

鈴木　暴力事件は突発的にいつ起こるかわからないから、召集がかかったときはいつでもはせ参じられるようにしておかなきゃいけない建前があります。

それに土日という概念がない。事務所は土日もやってますから。ただ、日曜日の当番はみんなやりたがらないから、本部事務所で日曜日の当番を決めるのは大変だそうです。やっぱりヤクザも家族サービスをしたいんです。

溝口　友達とも遊びたいし。ヤクザには地元に結構友達がいるんですよ。それこそ、中学時代の同級生が集まって、そのヤクザのファンクラブみたいなのをつくってというケースも多い。

鈴木　そう。後援会みたいなのをつくるんですよ。今で言うと、推しです。自分たちの推しを男にするため、みんなで支える。推しのためですから採算度外視です。

溝口　彼にはヤクザとして偉くなってもらおうやという気持ちが動く。地域で盛り立てて、親分になってもらおうと。ヤクザを地元出身の芸能人みたいに考えている。やはりここでも、地縁という要素は大切です。

鈴木　昔は知り合いになっておいて得な人種は、医者、弁護士、暴力団だと言われていました。ヤクザはたいてい、自分の地元ではそう悪いことはしません。お祭りとかにもよく出て行くし、芸能人を呼んで、盆踊りのときにステージをやったり、自分の地域にはすごく貢献しようとしている。それは都市部と地方の差でもあります。

溝口　都会だって、やはりヤクザの根本は地縁だと思います。

鈴木　地元は強いですもんね。話を休みに戻すと、ヤクザは原則、海外旅行に行けない。もちろん海外への入国が制限されているということもありますが、先ほど言っていたようにいつ突発的な暴力事件が起きるかわからないからです。

溝口　最近のヤクザにそんな緊張感があるかは疑問ですが。

「餅つき」で権勢を誇示する

鈴木　ヤクザには基本的に祝日休みもありませんが、その代わりに大事にしている行事が「事始め」です。

溝口　事始めは十二月十三日にやることが多いヤクザの恒例行事で、「なんで年末のくせに事始めなんだ」とも言われるんだけど、正月の準備を始める行事としてはもともとあるもので、芸事の世界なんかには今でも残っています。

鈴木　元々、正月は博奕で忙しく、かき入れ時だから、その前に組内で新年を迎えておこうという意味らしいです。正装で餅や樽酒、豪華な弁当などが用意されます。けっこうゆったりした雰囲気で、組員たちも祝賀ムードです。親分に一年のお礼を述べ、来年もよろしくと挨拶する。あとはみんなで酒盛りで、襲名式の宴席ではあまり飲みませんが、けっこうみんな楽しそうに日本酒を飲みます。西日本の組織では一般的ですが、関東ではあまりやりません。

溝口　そしてお礼金も包むと。月々の上納金とは別にね。

鈴木　すべてを口実にして、集金するのは今風です。たとえコロナ禍でもやらないと組織として勢いがないと言われるかもしれない。メンツのためにも集まるんだと思います。

溝口　昔は付き合いのあるスポンサー筋の経営者なんかも来ていたみたいだけど。

鈴木　地域の顔役や政治家なんかも来ていました。

溝口　あと、山口組は年末の恒例行事として餅つきをやっています。

鈴木　昨年は、コロナで小規模だったようですが。

溝口　他団体の組長を呼んで、メディアのカメラやご近所さんも入れて、権勢を誇示する。司忍組長がイタリアンマフィアのようなファッションで出てきて、一部他団体から顰蹙《ひんしゅく》を買っていました。

鈴木　メディアへの牽制にもなりますよね。会場に入るためには、名刺を出します。フリーなら自宅の住所を伝えなければならない。お年玉も渡されます。もらったら首に鈴を付けられる。私は行ったことはないです。

溝口　私もない。が、そういうふうにコントロールする手段に使われているのは間違いない。

鈴木　ただ、今は特定抗争指定を受けて、警戒区域内では五人以上集まれないから開催が難しい。新型コロナでも五人以上の会食がダメと言われていて、なぜか人数限度が同じなんです。

クリスマスツリーもシノギ

溝口　確かに（笑）。ただ、一方でヤクザにとって正月はシノギの機会でもあります。一番大きいのは正月飾り。門松なんかを飲食店や一般人に買わせるわけです。

鈴木　二〇二〇年十月に渋谷で正月飾りを「みかじめ料」代わりに売りつけたとして稲川会系組員が逮捕されたし、一九年には北海道のススキノで、警察が暴力団から買わないようにと、先にしめ縄を飲食店に配っていました。あまり指摘されることがないけど、一昔前まで、正月飾りは暴力団の独占利権だったですからね。

溝口　クリスマスツリーも実はそうです。クラブや飲食店に飾っているツリーは、暴力団が絡んでいることが多い。

鈴木　別に強制的に買わせているわけでなくても、付き合いもあるし揉めたら面倒臭いというので買ってしまう。

溝口　縁起物だからってのもあります。十一月の酉《とり》の市で売っている熊手もそうですね。かつて新宿の神社で熊手を売っていたヤクザは、テキ屋としては姉ヶ崎会（テキ屋系暴力団）に所属していて、そのほかに博徒として後藤組（山口組系）にも入っていた。熊手を売るのには姉ヶ崎会の名前を使い、そのほかのシノギでは後藤組の名に頼っていたみたいです。テキ屋系は真面目に出店をやるけど、暴力的な行動はあまりしないから。

鈴木　ダブルネームを使うのは珍しいですね。

溝口　面白いのは、同じ暴力団でもテキ屋系と博徒系では、拝む神様が違うんです。祭壇に博徒系が天照皇大神と春日大明神、そして八幡大菩薩を掲げるのに対して、テキ屋系は天照皇大神、今上天皇、もう一つ神農黄帝という農業などの神様を掲げる。だから博徒系からはテキ屋は「神農さん」と呼ばれたりする。

鈴木　テキ屋系としては武闘派として極東会が有名ですが、酉の市に出店する際には、でかでかと「極東」と書かれた提灯《ちょうちん》をぶら下げてバイ（商売）をしていました。トップが様子を見に来ると、人混みがさっと割れるんです。すごい迫力でした。

寅さんはヤクザなのか

溝口　そもそも祭りを仕切るのはテキ屋、つまりヤクザです。初詣を始め、お祭りというのはほとんどが神社の境内で行われるものだけど、境内の敷地の差配権は伝統的にヤクザが担ってきた。

鈴木　「あなたはここに店を出していいよ」と、ショバ割りをする権利ですね。場所によって売上が全然変わりますから。

溝口　一番利益率がいいのが〝粉もの〟、小麦粉を使った焼きそばやお好み焼きの類いです。

鈴木　あと、綿菓子は砂糖代だけでめちゃくちゃ売れるから、〝親分ネタ〟、つまり組長しかやれないと言われていました。原価など数円です。実際に組長が作るわけじゃないけど、時々、テキ屋の親分がやってたりしていました。高市《たかまち》（祭礼や縁日）で生きてきた人らで、実録・フーテンの寅さんです。とても雰囲気があり、絵になります。

興行がヤクザのシノギなのは、こうした祭りで見世物小屋やサーカスをしていたからです。今は世界的に有名な木下大サーカスも、もともとはテキ屋で、つまりヤクザです。弘前では桜のころにテキ屋がずらりと並ぶのですが、まるで昭和のようなお祭りの光景が見られます。祭りの独特の雰囲気は、やはり専業のテキ屋でないと出せません。

溝口　テキ屋は博徒と並ぶ伝統的なヤクザなんだけど、今は暴排条例で神社の境内からテキ屋が外されつつあるし、しばらくはコロナでそもそも初詣に出店が出ることもないでしょう。

鈴木　祭り自体がないから厳しいですよね。最近は写真を撮りに行くと、暴力団系列のテキ屋は顔を隠します。警察にバレるから撮らないでというわけです。

溝口　もともとテキ屋がヤクザだという認識が薄れて、一般人からは「寅さんはヤクザなんですか」なんて質問が来る。

鈴木　ヤクザじゃなかったら何なのか（笑）。

昔は初詣も、新年になった瞬間に先頭でお参りするのはヤクザでした。有名な神社でも、地域の顔役の貌《かお》を見せつけていました。相応の寄付はしているはずです。誰も文句は言わなかった。

ヤクザと一緒に年越しをすると、午前○時を過ぎ、年が変わった瞬間に、自分の親分に電話して挨拶するんです。熱々の新婚さんみたいですよね。とにかく、親分が一番であるというアピールなんだと思います。安直なパフォーマンスであっても、ヤクザらしいです。

子分は親分からお年玉をもらう

溝口　元日からは組の新年会があります。昔は芸者を呼んだりコンパニオンを呼んだり派手だったけど、今は予算規模も縮小しているからなかなか。

鈴木　元日は本家の……つまり一次団体の集まりに顔を出し、二日以降に二次団体、三次団体とどんどん気の置けない仲間たちとの集まりになっていく。

溝口　さらに顔が広ければ自分のスポンサー筋の新年会にも顔を出すから、休まらない。

鈴木　組によっては、組長が「正月くらい若い衆も家族を大事に」という組織もあります。ただ、ヤクザは親分子分という親子関係なので、新年会には組長が組員にお年玉を配るわけです。

溝口　額は五千円とか一万円だけど。

鈴木　それでも、ヤクザのお年玉の場合は組長の名前が入ったりしているから、もらったら嬉しくてポチ袋を額に入れて飾ったりしている。山口組の場合も三代目、四代目、五代目、六代目……みなポチ袋を大事にとっています。末端組員にすれば、そうした志をもらえるのは、存在を認知されている証明にもなります。一種、表彰状のような意味合いです。

溝口　もっとも、上納金を納めているわけだから、それが一部還元されただけとも言えますが（笑）。

第十章

いつ引退し、どんな老後を送るのか

引退したら金が回収できない

鈴木　最後に、ヤクザはいつ辞めるのか、という問題です。

溝口　それはみんな辞めたいけども、辞めるに辞められません。明日が見えない立場であるけれども、続けざるを得ないっていうのが大多数ではないでしょうか。

香港ヤクザなんかは、成功したら実業家になる人もいます。自分たちは商業的マフィアだと、そういうふうに考える人が圧倒的に多いんですけど、日本はそういう発想があまりない。ヤクザはヤクザのままでいないと、子分どもがやってきて、「親父、金を貸してください」とか、「親父、五千万だけ融通してくれませんか」とかタカってきて、金をどんどん持っていかれてしまう。辞めたところで子分どもが寄ってくるから離れられない。

だから、自分は死ぬまで実権を手放したくない、そういう親分衆が圧倒的に多く、実際に現役のまま死ぬヤクザばかりです。

鈴木　今はみな死ぬまでヤクザですね。死が別《わか》つまで現役です。

溝口　一度、「山口組の金庫番」と言われ、金貸しとして有名だった小田秀臣（三代目山口組若頭補佐）に聞いたことがあります。彼は竹中四代目襲名に反対し、しかし一和会には参加せず引退を選びましたが、「貸していた金はみんな踏み倒されて、誰も返そうとしないんですよ。武力がなければ、返せって迫れないんです」と言っていました。「だから、ヤクザの金貸しというのは、絶対自分より強い組には貸さないと言われているんですよ」とも教えてくれた。弱いところだったら貸すと。だから、引退したら金が回収できない。

鈴木　看板を回収の後ろ盾にしているので、ヤクザを辞めれば踏み倒されます。そのあたりはとてもドライです。

溝口　何せ警察権力が及ばないところですから、さらうなり、殺すなり、自由ですから、金を返さないとなればそれはやりますよ。彼ら暴力団金融が暴力団にしか貸さないのはそれがあるからです。暴力が通用するから、暴力団金融は成り立つ。しかし、それは、暴力団でいないと通じない。だから辞めるに辞められないんです。

鈴木　昔は早めに隠居したから、跡目も若い人が継いだ。ヤクザ組織全体が若かったです。

溝口　たまに金に困ったりして、親分の墓の前で拳銃自殺する例があります。それは死ぬことによって組をようやく辞められるということ。

辞めるなら金を置いていけ

鈴木　今は頼み込めば最終的には辞めさせてくれる組織のほうが多いとは思いますが、しかし、足抜けしようとして揉めて「指を落とせ」とか言い出すのは、現実にある。裏に感情のしこりがあるからです。これは、仁義というよりは、辞めるやつに意地悪したいのが本音です。

溝口　まぁ、すんなり辞められるかと言えば難しいのではないか。その場合、お金を置いていけ、と言う組が圧倒的に多い。辞めたいのなら、金を置きなさいと。

僕の知っている山口組二次団体の直参で事業をやっていた人間はそれをやられて、金を納め、指を落としても許してもらえず、また金を置いていくということをやられて、最終的には担当者が代わったことによって放免されたけれども、これがあるからなかなか組は辞められない。

鈴木　その背景には、ヤクザを辞めてうまいことやろうとしやがって、という感情的なしこりもあるのだと思います。

指というのは本来、もらっても一銭にもなりません。だから断指（指を詰めること）を毛嫌いする親分もいます。ただ、自分の身体をちぎり取ったという事実を提示されれば、ある程度、譲歩をしなくてはならないという慣習は今も残っている。土地によっては、指を詰めることによって初めてヤクザになるみたいな価値観もある。これには地域性もあって、中国地方ではちょっとしたことでもすぐ「指を詰めるのがヤクザだ」みたいな組織もあるんです。極端な場合だと親分を車で送るのに五分遅刻したから指を詰めろとか、そんなことまであり得ます。

溝口　逆の場合もある。竹中兄弟（竹中正久・四代目山口組組長とヤクザになったその他の兄弟）は全員が「指は一本も欠けてない」と言っていました。刺青も誰も背負ってない。それは、彼らの持つ誇りなんです。要するに、自分は指を飛ばすほど、義理を欠いたことをしたことがない、そういう誇りを持っていた。

鈴木　竹中兄弟らしい合理性ですよね。

溝口　刑務所に行っていじめられるから、刑務所に入る前に刺青を完成させようという考え方もあるけど、自分は刺青を背負わないで刑務所に入っても、同房の者にいじめられないという自信があるから、入れないんです。

女を取ったら絶縁になる

鈴木 ヤクザの場合、自ら辞めるのではなく、辞めさせられるケースも多々あります。絶縁や破門と言われるものです。自らカタギになるのと、カタギにさせられるのは、天と地ほども違います。ヤクザを辞めさせられるのは、このうえない恥辱です。

溝口 一番多いのは、組の金の使い込みです。例えば、その組が覚醒剤をシノギにしているのにその覚醒剤を横流ししたとか、月会費を未納しているとか、そういった金の問題が多いです。

鈴木 あとは女問題もこじれたら大変です。

溝口 例えば、自分の兄弟分が逮捕されて、服役中、兄弟分の女に言い寄って自分のものにしてしまうとか、そういうケースが重大事です。

鈴木 テキ屋には、「バシタ（女房）盗るな」という明確なルールがある。たとえ武闘派でも、このルール違反はひっくり返せません。博徒達は豆泥棒と言いますが、これは一般でも通じるはずです。以前、親分は絶対だと言うけれど、限度があるはずだとヤクザたちにアンケートを採ったことがあります。「親分が女を盗ったらどうしますか？」という質問には、ほとんどのヤクザが「殺す」と答えました。豆泥棒はヤクザの論理を超えた罪悪なんです。

あるいは抗争になったときに、誰かが責任を取らないといけないケースとか、そういうトラブルの解決法の最後の手段が破門や絶縁、引退です。

溝口　その前に謹慎という軽いものがある。絶縁、破門、謹慎というのが重い順です。

鈴木　ヤクザは家族ですから、一番重いのは家族の縁を切るということ。親子の縁を絶ち切れば、二度と元には戻れません。それに対して破門というのは、放逐はされるけど、改心すればまた戻ってくる余地を残すニュアンスがある。その中にも赤字破門、黒字破門があり、赤字は絶縁と同じく、二度と組織に戻れませんが、ヤクザが勝手に作った新ルールです。将来、ピンクの破門が生まれないとは限らない。組織が大きくなると、こうした処分が派閥闘争に使われ、乱発されるようになりました。元来、そんな簡単に息子を放逐する親などいませんし、子分を破門できるのは親分だけです。今は盃のない組織の執行部名で、処分状が出されます。破門する権利のない人間から破門される。

溝口　それらの区別はあってないようなものですが、ひとつ言えることは、カタギを傷つけたら絶縁ということ。というのは、最近亡くなった中野太郎が率いた中野会の襲撃犯が、五代目山口組若頭の宅見勝を殺した。その向こうに歯医者がいて、流れ弾で負傷をしました。歯医者が生きてるあいだは破門で通したのが、歯医者が死んだことで、絶縁になりました。五代目組長の渡辺芳則は絶縁処分を渋っていましたが、カタギが死んだことで抗しきれなくなった。

その時点では、兵庫県警は中野会の犯行だなんて、ひと言も言ってないわけです。警察の捜査の前に、山口組の執行部がこれを処罰したわけで、きわめて私的な処罰法ということは言えます。

鈴木　破門の場合は、他の組織とマチガイが発生し、和解のテーブルで相手組織から当事者の処分を要求されたりします。たとえばこっちの不手際で相手の若い衆を殺してしまったとする。落とし前として見舞金を何千万か支払い、なおかつ、こちらの組員を殺した当事者を処分してくれ、などと手打ちの条件が出されるわけです。「黒蓋で手打ちになった」

と表現されるときは、お互い、いろいろ言いたいことはあっても、無条件で手打ちすることに合意したという意味になる。黒は裁判官の法衣と同じで、もう何色にも染まりようがないからです。もし手打ち破りをしたら大問題ですが、時折あります。

溝口　絶縁や破門をされると、一切ヤクザ交わりができなくなる。自分がそれまで所属していた組に限らず、あらゆる暴力団と関われなくなります。ヤクザというのは、中世ドイツのギルドみたいな同業者組合的要素がある。ギルドの親方が、こいつは駄目だよと言うと、永久に業界追放になる。それと同じことで、絶縁や破門で放り出したら、他の組は一切救いの手を差し伸べてはいけない、救済してはならないという、そういう取り決めがあるわけです。

例えば破門されると、全国の暴力団事務所に「破門状」が発送されます。「当組の若者、○○は当組の趣旨に反し、不都合があった。よって幹部一同協議して破門とした。今後は一切当組とは関係ないので通知する。なお、貴殿におかれても、この者を客分とすることや、この者と縁組、交遊、商談することは固くお断わりする」といったことが書いてあり、この者を組員として拾うな、拾えば自分の組への敵対行為とみなすという意味です。

鈴木　ヤクザ社会そのものからの追放ですね。昔は確かに効力がありました。

溝口　絶縁状や破門状は、交際団体にもすべて配るというのが原則です。もっとも破門状の場合、警察への言い訳のために自分の組内に破門状をまいて、その人間が逮捕されても、「破門してますから、うちには関係ありません」と言い訳するケースもある。しかし、通常は絶縁や破門をされた場合は、カタギとして生きていくしかなくなる。

鈴木　何が大変かといえば、ヤクザは周囲を威圧して生きてきました。しかしカタギになった途端、そんな態度は取れない。

溝口　今はカタギの人間だって、再就職はなかなか難しい。カタギのスポンサー、地場産業の社長連中なんかに頼み込んで、再就職を斡旋してもらうというケース、それが難しければ半グレの手伝いをするとか。

「五年ルール」と言ってヤクザを辞めても五年間は銀行口座を開けず、住まいも借りられない。そのため就職もままならず、ろくでもない生活になる人が圧倒的に多いです。

絶縁、破門が形骸化している

鈴木　ただし今は山口組のおかげで、破門や絶縁が無実化してきています。神戸山口組の幹部たちは六代目山口組から絶縁されていますが、ヤクザをやり続けられている。それによって、よそで破門された人間を別の組織が拾うなど、以前では考えられなかった事態がまかり通っている。

溝口　絶縁、破門がいい加減になっているのは、山口組の分裂のあとからです。その前まではその取り決めはしっかりしていて、例えば、先ほど名前を挙げた中野太郎が、絶縁されたあとに山口組に復縁できるかどうかという大問題がありました。延々と十年近く問題化していましたが、結局最後まで戻ることはなかった。今回の山口組分裂によって、絶縁、破門が形骸化してしまった。

鈴木　六代目山口組の側も、神戸山口組の井上邦雄組長は絶縁したけども、その下の若い衆は絶縁していないという理屈で、神戸をやめて戻りたいならどうぞと傘下組織を取り込もうとしています。

溝口　一番いい例が、最近、神戸山口組を割って出た山健組組長の中田浩司です。彼は六代目山口組組長の司と盃をしてませんから、絶縁されたことにもなっておらず、中田がその気になれば、六代目山口組にも戻れることになる。

鈴木　つまり処分者の若い衆に関しては、好きなように解釈できるわけです。本来なら一切合切拾うなと言ってもいい。破門や絶縁を定義しているのはヤクザです。ヤクザがいいと言うならなんでもありです。実際、かつては、絶縁された人間は決して戻さないという厳しいルールが守られていた。今はどの組織でも平気で復縁します。

年金を受け取る権利はある

溝口　とはいえ、ヤクザを続けるより、絶縁でもされて辞めたほうが賢明かもしれない。ヤクザの老後は、たいてい悲惨です。

鈴木　ヤクザは年金保険料なんて払っていないと思っていたんです。ところが、雑誌の企画で現役組員百人に「年金保険料を払っていますか？」と聞いたところ、払っているのが九人、以前は払っていたというのが二十人いた。しかも、厚労省に聞いたら「反社会的勢力に払わないという規定はない」という。つまり、ヤクザも年金を受け取る権利があるんです。

溝口　ただ、実際にもらっているという人はあまり見たことがない。彼らは継続的な払い込みができないですから。健康保険だってない人が多い。医者にかかるときは全額自己負担か、あるいは友達の保険証を借りてなりすまして受けるかでしょう。

鈴木　私もよく「保険証貸してくれ」と言われました。当然、断わります。今はさすがに健康保険程度は加入してるはずです。そんなインチキをすれば詐欺でパクられるからです。

溝口　一方で生活保護を受けている高齢者ヤクザは多いですね。

鈴木　暴排条例以降、組員とわかった場合は生活保護は受けられなくなっています。「違法・不当な収入を得ている可能性が高いから」ということらしい。

溝口　しかし、実態としては受けているヤクザは多い。

鈴木　そうですよね。しかも、懲役に行って刑務所を出るときに「暴力団辞めました」と一筆書くと、生活保護はすぐにもらえるんです。暴力団担当刑事は、刑務所から出所してきたヤクザに足抜けさせて生活保護を受けさせると、その実績が評価され、勤務評定に影響する。実績だから、ヤクザを辞め、刑務所を出れば、生活保護を申請しても水際作戦で阻止されたりはしません。

溝口　どうせまた暴力団に戻るヤクザも多いのに（笑）。

高齢のヤクザになると、ヒットマンとして懲役に行くぐらいしか役割がないんですが、例外的に組長の周りで執事のような役割をする者もいます。四代目山口組組長・竹中正久の弟、竹中武（二代目竹中組組長）にはお付きの中に爺さんがいました。その爺さんが死んだとき、竹中武は私に電話してきて、「花を出してやってくれんか」と頼んできた。「我々の商売、花なんか出せない」と断わったら、あっさり引き下がってくれましたが、それだけその爺さんを大事にしていたということ。通帳から何から金銭に関わる一切を任せていました。

億は貯めておかないと老後が不安

鈴木　通常、ヤクザの老後は金銭的に苦しいケースが多いですが、これが総長クラスになると、途端にスケールが変わります。『仁義なき戦い』のモデルになった美能幸三は、「引退するときにコレだけあったら足りる」と五本指を立てたそうです。五千万円かと思ったら、五億円だと。『週刊サンケイ』の連載担当者から聞きました。

溝口　今でも組長クラスなら億単位で貯めておかないと老後が不安、という気持ちでしょう。

鈴木　この間、引退した暴力団組長に会ってきて、引退しているからさぞ困窮しているんだろうと思って行ったら、お金の話になって聞いたら、一億円くらいは持っていると言う。月百万円くらい使う生活して、食事して女のところ行ってという余裕の老後です。もっとも金があっても銀行には預けられないから、みんなキャッシュと言っていた。

溝口　だから年を取ったヤクザの家にはよく泥棒が入ります。北星会会長だった岡村呉一が九十二歳で死ぬ前年、自宅に泥棒が入り現金二億円が盗まれたという事件が起きました。一トンもある金庫が丸ごと持ち出された。

鈴木　その犯人は我が家から自転車で五分の喫茶店で射殺されました。金庫を盗まれたり、事務所に盗難が入るのはヤクザ社会では珍しい話じゃないんです。ただ昔は警察に届けたりしませんでした。

解散した六代目山口組系英《はなぶさ》組の元組事務所から三億円が盗まれた事件では、ブログで元組長が子分の犯行を示唆しました。そういうことが怖いから、さっきも言ったとおり今の組長は基本的には生涯現役で、引退なんかしない。

溝口　五代目山口組組長の渡辺芳則のように、引退に追い込まれない限りは退かない。

鈴木　綺麗に晴れ晴れと引退する人はなかなかいません。昔は代目を譲ったら前のトップは引退したのですが、今は組織を失っても辞めない。六代目山口組の司忍組長が、七代目の跡目を高山清司若頭に譲るかどうかが注目されていますが、弘道会の中でも派閥があるはずです。しかも、お互い七十代と高齢ですから、時間はあまり残されていません。

溝口　ただし、高山が刑務所に収監される前に、「出所したら七代目を譲る」という禅譲密約が交わされていた可能性が高い。それを裏切ることになれば、今度は司派と高山派で割れる危険性があります。

死後に一家と家族が揉める

鈴木　ヤクザに悠々自適な隠居生活が難しいのは、身から出たサビではある。若い衆にきちんと情愛を注いで、親らしいことをしていれば、子分にケツをまくられるはずもありません。

溝口　さらに、彼らは死んだ後もヤクザ社会のルールに縛られます。七章でも触れましたが、ヤクザの葬儀は、組にとっては〝興行〟であって、香典は組のもの、遺族にはほとんど渡しません。

鈴木　これも組織によってまちまちです。経費を引いた残りを遺族に渡す例もあります。ただヤクザの看板でやる葬儀は組の行事であって、遺族は遺族で別に葬儀をすればいいという考え方が基本です。ある組長の奥さんが、葬儀の後に「香典がもらえない」と泣いて電話してきたのですが、こちらは何もできません。

溝口　「義理かけ」といって、別の組で葬儀があれば行って高い香典を出す、自分のところの組員が死んだら返してもらう、そういうやり取りで暴力団同士の関係は成り立っていますから。

昔はヤクザの葬式の夜は博奕をやって、葬式を出した組が胴元になって参列者が香典代わりに儲けさせるということもありました。

鈴木　今はもうないですが。最近は、組事務所をめぐって組長の死後に組と遺族で揉めるケースが増えています。組事務所は、組のものだけど名義は組長の所有物になっている。死んだら昔は跡目を継いだ次の組長が遺族に金を払って譲り受けるわけですが、今はそんな金が払えないものだから、遺族もなかなか事務所を渡してくれない。法的には遺族が強いです。それで揉めているケースを結構聞きます。

溝口　暴力団というのは、親分と子分の疑似親子関係、疑似家族関係なんです。その親分が死ぬと、疑似家族と本当の家族との間でトラブルになることは、ある意味ではヤクザの因果なのかもしれません。

終章　ヤクザという職業は消えていくのか

溝口敦

ヤクザ業の本質とは何か

ヤクザ業の本質は「つまみ食い」です。簡単に儲かりそうなネタに出合うと、その仕事が合法か、非合法かに関係なく参加したがります。

もし彼が金持ちのヤクザであるなら、持ち金を遊ばせておくより、カネにカネを稼がせてやろうと、そのネタに資金を突っ込みます（出資や投資）。

たとえば金インゴットの密輸です。日本では金の買い取りに消費税十％が加算されます。海外では金の売買に消費税や付加価値税がかからない国がいくつかあります。そういう国で金インゴットを買い付け、帰国し、日本の税関を無申告で通って、国内の貴金属商にインゴットを売却すれば、買い値に十％の消費税を上乗せしてくれます。

これで消費税分十％の丸儲けになります。

「これはいいや。香港（金の売買が非課税）ぐらいなら航空代もタカが知れている。四キロも買い付けて日本に持ち込めば確実に儲かる」

と、始められたのが金インゴット密輸でした（現在は新型コロナウイルスによる格安航空機の運航停止と、日本の通関業務の厳格化でほぼ不可能）。

つまりこうした金塊密輸に買い付け資金を出資する金持ちヤクザもいるし、計画して密輸団を動かすヤクザもいます。カネがまるでなく、単に密輸団に加わって金塊の運び屋になるヤクザもいるわけです。

ヤクザは一つの商売にしがみつきません。もう儲からないと見たら、パッとやめます。

唯一、長期継続的に手掛けているのが覚醒剤の密輸と国内販売です。国内には多数の依存症患者がいます。依存症の人は違法であっても、覚醒剤を摂取したくて気も狂うほどです。そこに根強い需要が生まれます。違法であっても、誰かが依存症者に覚醒剤を届けるというサービスを買って出ます。それがヤクザなのです。

だからヤクザは負のサービス業に従事していると言われるわけです。違法の業だから逮捕・服役の危険がある。しかし、その分、競争率は低い。カタギの人は覚醒剤みたいな危ない物には触れません。使用も所持も売買も譲渡もすべてご免です。手掛けるのはヤクザぐらいですから、当然、その分、利幅は大きくなり、たっぷり儲けることになります。こういう事情で覚醒剤がヤクザの伝統的なシノギになりました。

かつては社会的な需要があった

伝統的なシノギとしては他に恐喝、賭博があります。

恐喝は、俺は何々組の何某だ、カネを出さないとひどい目に遭わせるぞと、カネを脅し取る犯罪です。しかし、これは被害者の前に最初から姿を現し、かつ所属を明らかにしていますから、逮捕される度合いが高い。だから今は年々減少している犯罪です。逆に被害者とは電話の折衝とカネの受け渡しだけで、顔も所属も明らかにしないオレオレ詐欺など特殊詐欺のほうが儲けが大きくなるわけです。

賭博は違法で、警察に徹底的に家宅捜索を繰り返されたり、賭博参加の客に迷惑を掛けたりするので、今、常設の賭場などはなくなりました。わずかにバカラ賭博などをやらせる闇カジノと、フィリピンの本物カジノと中継でつながっているなどと称するネットカジノがひっそり行われている程度です。

負のサービス産業として、かつてヤクザに社会的な需要があったのは債権取り立て、地上げ、倒産整理などです。

債権取り立ては、繁華街のクラブなどで客の何某がツケを溜め込んで払わない。取り立てたら、取り立てた額の半分をやるから、代わりに取り立てて、と頼まれるシノギです。

現在、債権取り立ては弁護士に限り、ヤクザが手を出したらアウトなのですが、短時間で効果が出たのはむしろヤクザのほうだったはずです。ぷよぷよ体型の弁護士がやって来ても屁とも思わない踏み倒し常習の客がいます。彼らが怖がるのはむしろヤクザの暴力でしょう。

地上げは地価が年々上昇していたころの話です。人が住んでいる土地を建物ごと買い上げ、住民に出ていってもらって、更地にすることを狙います。これも不動産業者が交渉してラチが明かないとき、ヤクザが依頼されて出張り、住民を脅しあげ、それでもダメなら糞尿を撒き、火をつけ、身柄をさらうなどの暴力を振るいます。それで出ていってもらうのです。

倒産整理は倒産しそうな会社にいち早く乗り込み、少しの融資を餌に会社の資産を叩き売り、債権者会議を牛耳って自分だけ儲けるシノギですが、これは専門知識が必要なため倒産整理屋という業者が存在しました。彼らがヤクザの傘下に入ったから、倒産整理もヤクザのシノギになったわけです。

ヤクザが生き残るためには

しかし、この手のシノギはすべて暴対法で中止命令が出され、二度繰り返すと逮捕・禁錮もあり得る犯罪になりました。おまけに何でもないふつうの商売がヤクザに限っては、暴力団の資金源になるという理由で警察の干渉を招き、結果的に正業もダメというのが現在です。

では、ヤクザはどうしたらいいのでしょう。前記した通り、違法だけど、なんとかシノギになるのは覚醒剤ぐらいなものです。しかし、ヤクザ全員がシャブの密売をやれるほど、市場は大きくない。また特殊詐欺はもともと半グレが始めたシノギですが、ヤクザがそれを導入することがすでに始まっています。しかし、特殊詐欺の被害額も近年は減っている現実があります。

今置かれた状態を将来に延長すると、ヤクザは食うな、存在するな、といわれているのと同じです。ヤクザが生き残るためには、せめてヤクザがふつうの商売、仕事をやることを認めようという世論が盛り上がる必要があります。

ヤクザが法令を守るなら、飲み屋をやってもいいし、土建業や人材派遣業、建築物の解体業、あるいは警備業、ビルのメインテナンス業など、負のサービス業ではない、正のサービス業への従事を認めることしかないでしょう。

それとヤクザにとって望ましい制度改正は、組をやめた後、五年間はヤクザ並みに扱うとする各業界の暴排条項を撤廃させることです。広く知られたことですが、今は元ヤクザでも新しく銀行口座を開けません。そのためサラリーマンになっても給与の自動振り込みができない。民間アパートでも借りるのが難しく、車を買うんでもローンを組めず、スマホさえ買えない。

このまま進むとヤクザという職業は存在できず、ヤクザがそのときどきに行うシノギも遂行できない。ヤクザはヤクザから脱落し、半グレに加わり、半グレからも脱落して、単に常習的に犯罪を行う人たちへ零落するはずです。

ヤクザがなくなったおかげで犯罪のない平和な社会が実現するかといえば、単に悪事に手を染めるカタギが最近、増えたってことになるでしょう。半グレでなく、国民の大半が禁止法令を守らない。隙あらば、隣人の物さえ奪って恥じない国民ばかりとなったら、さぞかし日本は住みにくい国になるでしょう。倫理性のない後進国への後退です。

本書は鈴木智彦さんと私との対談で成っていますが、企画、編集とも小学館週刊ポスト編集部・酒井裕玄、赤木雅彦両氏のお世話になっています。末尾ながら記して謝意を表します。

二〇二一年三月

溝口敦

溝口 敦［みぞぐち・あつし］

1942年、東京生まれ。早稲田大学政経学部卒業。ノンフィクション作家。『食肉の帝王』で2004年に講談社ノンフィクション賞を受賞。主な著書に『暴力団』『山口組三国志 織田絆誠という男』など。

鈴木智彦［すずき・ともひこ］

1966年、北海道生まれ。日本大学芸術学部写真学科除籍。ヤクザ専門誌『実話時代』編集部に入社。『実話時代BULL』編集長を務めた後、フリーに。主な著書に『ヤクザときどきピアノ』『ヤクザと原発』『サカナとヤクザ』など。

帯デザイン：ためのり企画
DTP：昭和ブライト
編集：酒井裕玄、赤木雅彦

職業としてのヤクザ

二〇二一年 四月六日 初版第一刷発行

著者 溝口敦／鈴木智彦
発行人 鈴木崇司
発行所 株式会社小学館
〒一〇一－八〇〇一 東京都千代田区一ツ橋二ノ三ノ一
電話 編集：〇三－三二三〇－五九五五
販売：〇三－五二八一－三五五五

印刷・製本 中央精版印刷株式会社

Printed in Japan ISBN978-4-09-825396-8